중국 조선족 삼중언어

화자와 코드 스위칭

중국 조선족 삼중언어

화자와 코드 스위칭

신 천 지음

머리말

언어는 의사소통의 수단인 동시에 인류 문화를 이끌어온 원동력이다. 오늘날 우리 생활에서 떼려야 뗄 수 없을 정도로 우리의 삶과 문화에 깊숙이 녹아들어 있다. 민족어는 각 민족의 구성원이 공통적으로 사용하는 언어로 민족의 역사와 함께 형성되었으며 민족의 동질성을 확인할 수 있는 중요한 수단이다.

조선어를 민족어로 사용하고 있는 조선족은 중국의 56개 민족 중 하나로 오랜 기간 대잡거소집거大雜居小聚居 방식으로 생활해왔다. 타민족과의 빈번한 접촉 과정에서 조선어에도 여러 가지 변이 현상이 나타나게 되었고 언어생활에서 코드 스위칭 현상이 일상화가 될 정도로 중요한 부분으로 자리매김되었다.

코드 스위칭 현상은 사회언어학 분야에서 다루는 연구 내용으로 사회언어학에서는 언어에 대하여 이질적이지만 질서적인 체계라고 보고 있다. 이질적인 성격은 언어의 노멀로 언어 변이 및 변화의 동력적 요소라고 할 수 있고, 질서적인 성격은 언어가 기능을 실현하고 존속할 수 있는 기본적인 요소다. 언어가 질서적이 아니라면 가장 기본적인 교제 기능도 실현할 수 없을 것이고 완전히 동질적이라면 언어의 변화 발전은 상상할 수 없을 것이다. 언어는 여러 가지 변이 형태로 존재하고 여러 가지 변이 형태로 사회에 적응하며 언어의 변이는 언어와 함께 공존한다.

조선족은 언어사용에서 교제의 명확화, 언어 표현의 다양화 등 교제 목적과 심리적 욕구에 따라 다양한 코드 스위칭을 교제 방식으로 채택하고 있는데 본 연구에서는 조선족의 언어 사용 중에 나타나는 코드 스위칭 현상에 대한 조사 및 연구를 통해 조선어가 타언어와의 접촉에서 나타나는 변이, 조선어와 한어 그리고 한국어 세 가지 언어를 선택적으로 구사할 때의 교제 목적 및 심리적 욕구 등을 분석함으로써 언어 사용 및 변이에서 의사소통의 목적, 심리적 욕구의 역할에 대해서 살펴보았다. 더 나아가 이런 요소들의 언어 변화에 대한 영향을 구체적으로 분석해 보고 이를 통해 조선어의 향후 발전 추이를 추측해 보았다.

  이 책이 나오기까지 많은 분들의 도움을 받았다. 그분들의 크고 작은 기여가 없었다면 이 책은 빛을 보지 못했을 것이다. 이 자리를 빌려 진심으로 감사의 마음을 전한다. 특히 이 책을 집필하면서 수많은 사회언어학과 조선족 교육 및 언어 사용에 관한 저서와 논문을 참고하고 일부 내용은 직접 인용하기도 하였는데 자신들의 소중한 연구 성과를 참조할 수 있게 허락해주신 저자들께 고마운 마음을 전한다. 마지막으로 아낌없는 이해와 격려를 해준 가족들에게도 깊이 감사드린다.

목차

서론 11
    1. 연구 목적 및 의의 11
    2. 연구 내용 및 연구 방법 14

제1장 사회언어학적 시각에서 본 언어 변이 19
    1. 언어학과 사회언어학 19
    2. 언어의 접촉과 변이 22
    3. 언어 변이의 유형 26

제2장 코드 스위칭 29
    1. 이중/다중언어와 코드 스위칭 29
    2. 부동한 연구 시각에서 본 코드 스위칭 36
    3. 조선족 이중언어 코드 스위칭 45

제3장 조선족 및 조선족 언어 사용 실태 49
    1. 조선족 사회 형성 및 인구 현황 49
    2. 조선족 교육 발전 과정 및 현황 55
    3. 조선족 언어 사용 현황 63
    4. 조선족 코드 스위칭 유형 66

제4장 북경 조선족 언어 사용 실태　　　　　　　77
　　1. 언어 사용 실태 조사 관련 기본 사항　　　77
　　2. 제보자 혼인 태도　　　　　　　　　　　84
　　3. 북경 조선족 언어 현황　　　　　　　　89
　　4. 북경 조선족 언어 사용 실태　　　　　　105

제5장 북경 조선족 언어 태도　　　　　　　　　117
　　1. 조선어와 한국어에 대한 태도 평가　　　118
　　2. 조선어와 한국어 및 기타 언어에 대한 평가　120
　　3. 언어 학습에 대한 적극성　　　　　　　127
　　4. 언어 발전 추세에 대한 관점　　　　　　130

제6장 북경 조선족 코드 스위칭 분석　　　　　　133
　　1. 조한汉/한汉조 이중언어 어휘 코드 스위칭　134
　　2. 조한韩/한韩조 이중언어 어휘 코드 스위칭　136
　　3. 어휘 코드 스위칭의 심리적 요인　　　　140
　　4. 조한汉/한汉조 이중언어 문장 코드 스위칭　142
　　5. 조한韩/한韩조 이중언어 문장 코드 스위칭　144
　　6. 문장 코드 스위칭의 심리적 요인　　　　145
　　7. 코드 스위칭의 기능 분석　　　　　　　148

제7장	기존 연구에 기반한 후속 조사 연구	155
	1. 설문 조사 목적 및 방법	155
	2. 제보자 기본 현황	156
	3. 언어 습득 및 사용 현황 조사	159
	4. 제보자 언어 태도 및 코드 스위칭 조사	165
	5. 코드 스위칭 상관성 분석	171

결론   181

부록   183

설문지 1   在京朝鲜族语言使用及语码转换调查问卷(2007)   185
설문지 2   在京朝鲜族语言使用及语码转换调查问卷(2020)   208

참고문헌   221

서론

1. 연구 목적 및 의의

　언어 사용 중의 코드 스위칭은 언어 접촉에서 일어나는 일반적인 현상으로 언어 접촉과 언어 변이에 관련된 연구의 중요한 구성 부분이다. 언어학학자들이 서로 다른 시각에서 코드 스위칭을 연구하면서 점차 사회언어학 분야에서 많이 다루는 과제 중 하나가 되었다. 코드 스위칭이 주목을 받으면서 여러 시각에서 연구가 진행되고 있다. 문법론을 활용한 문구 내 코드 스위칭 연구, 사회언어학 시각에서 사회 요소와 언어 구조의 상관성에 입각한 코드 스위칭 연구, 텍스트 분석 방법을 활용하여 회화의 서열에 대한 분석을 통해 코드 스위칭의 과정과 기능에 대한 연구, 심리언어학 방법을 활용한 코드 스위칭의 사유 과정에 대한 연구, 화용론에 입각하여 언어 사용자가 구체적인 언어 사용 중 나타나는 언어에 대한 이해와 활용을 동적으로 진행한 코드 스위칭 연구 등이다.

　중국은 다원화된 사회문화적 구도로 여러 민족이 오랫동안 통일된 국가에서 함께 생활해 왔으며 정치, 경제, 문화적 연계가 밀접하다. 사회 집단의 빈번한 접촉으로 인해 언어 접촉 또한 빈번히 발생하게 되며 이에 따라 언어 변이가 동반하고 언어 사용 중 언어 혼용,

코드 스위칭 등 변이 현상이 자주 일어나고 있다. 56개 민족이 살고 있는 중국에서 언어 접촉 및 이로 인한 언어 변이는 본민족의 발전 뿐만 아니라 민족 간의 관계 및 국가 언어 발전에 영향을 끼치기에 언어 접촉에 의한 언어 변이에 대해 충분히 관심을 가지고 연구를 하고 이를 언어 정책에 반영시킬 필요성이 있다고 생각한다.

조선족은 중국의 56개 민족 중 하나로 다른 민족과 어울려 살고 있다. 조선족의 기존 밀집 거주지역인 동북3성의 경우 조선족은 한족과 오랜 기간 대잡거소집거大杂居小聚居 방식으로 생활해왔다. 타 민족과의 빈번한 접촉 과정에 조선어에도 여러 가지 변이 현상이 나타나게 되었고 언어생활에서 코드 스위칭 현상이 일상화가 될 정도로 중요한 부분으로 자리매김하였다.

지난 90년대 연변延边에서 진행된 "조선어와 한어의 관계에 대한 조사"에서 관련 문헌자료를 기반으로 대규모적인 현지 조사를 통해 일차적인 자료를 수집하였으며 이를 토대로 양적 분석을 진행하여 연구보고서를 작성하였다. 본 보고서에서는 "한어의 영향이 점차 확대되면서 코드 스위칭 현상이 추가세를 보일 것이며 코드 스위칭과 조선어 규범화 사이의 모순이 심화되어 일상 언어생활에서 코드 스위칭이 연변 조선족들에게 있어서 가장 중요한 교제 수단으로 될 것이며 이것은 필연적인 추세다"[1]라고 지적하였다. 코드 스위칭은 조선족이 집거해 있는 연변지역에서뿐만 아니라 타지역의 조선족 거주지역에서도 일상적으로 나타나며 전반 조선족 언어생활에서 중요한 역할을 하고 있다. 조선족 언어 사용 실태를 연구함에 있어서 코드 스위칭은 간과할 수 없는 부분이라고 생각한다.

---

1) 崔奉春 等, 朝鲜语和汉语关系调查[M], 延边大学出版社, 1994, p.196.

조선족의 언어 사용 중 코드 스위칭에 대한 기존 연구는 주로 조선어-한어 코드 스위칭 즉 조선족이 조선어로 교류할 때 한어를 혼용해서 쓰거나 한어 문구로 스위칭을 하는 것을 위주로 연구가 진행되었다. 하지만 중국 도시화의 가속화 및 대외적인 인적 교류가 활발해지면서 도시와 국외로의 조선족 인구 유동이 가속화되었으며 이로 인해 조선족의 생활패턴과 언어 화용면에서도 다양화 양상을 보이고 있다. 이로 인해 언어 접촉의 빈도 추가와 접촉 유형의 다양성을 가져오게 되었으며 따라서 조선족 언어생활에서의 코스 스위칭 유형도 다양해지게 되었다. 예를 들면 조선족의 연해 개발 도시와 한국 등 국외로의 인구 이동 및 한국인의 중국 거주 등 현상이 가속화되면서 간접적으로 접하던 한국어를 직접 접할 수 있게 되었고 주로 사용하던 조선어-한어 코드 스위칭 외에도 조선어-한국어 코드 스위칭 현상이 나타나게 되었다.

조선족은 언어사용에서 교제의 명확화, 언어 표현의 다양화 등 교제 목적과 심리적 욕구에 따라 다양한 코드 스위칭을 교제 방식으로 채택하고 있는데 이는 교제 방식과 교제 패턴을 풍부하게 해 줄 뿐만 아니라 조선어의 향후 발전에도 여러 가지 영향을 미치게 될 것이다.

본 연구에서는 조선족의 언어 사용 중에 나타나는 코드 스위칭 현상에 대한 조사 및 연구를 통해 조선어가 타언어와의 접촉에서 나타나는 변이, 조선어와 한어 그리고 한국어 세 가지 언어를 선택적으로 구사할 때의 교제 목적 및 심리적 욕구 등을 분석함으로써 언어 사용 및 변이에서 의사소통의 목적, 심리적 욕구의 역할에 대해서 살펴보고자 한다. 더 나아가 이런 요소들의 언어 변화에 대한 영향을 구체적으로 분석해 보고 이를 통해 조선어의 향후 발전 추이를 추측해 보고자 한다.

　조선족이 구사하고 있는 조선어는 한국에서는 한국어, 조선에서는 조선어로 명칭이 다르지만 한 언어의 변이체다. 조선어가 과경跨境 언어라는 특점에 입각하여 코드 스위칭 연구를 통한 민족심리, 문화적 호응 및 다문화교제 행위 또한 본 연구 목적의 일부분이다.

2. 연구 내용 및 연구 방법

1) 연구 내용

　본 연구에서는 북경北京 조선족 언어 사용 실태 및 언어 사용 중 나타나는 코드 스위칭에 대한 조사 및 연구로 조선족 언어 사용 상황, 언어 태도 그리고 언어 사용에서 나타나는 코드 스위칭의 유형 및 사회적 요소와의 상관성, 그리고 코드 스위칭이 발생하는 내적 조건과 외적 환경 등 문제에 주안점을 두고 있다. "북경 조선족 언어 사용 및 코드 스위칭"이라는 설문지로 북경 조선족을 대상으로 설문 조사를 진행하였으며 변이 양상을 지속적으로 살펴보기 위해 후속 관련 연구도 진행하였다. 북경을 조사지로 선정한 이유는 몇 가지가 있는데 첫째로 개혁개방 후 북경 조선족 인구가 수천 명으로부터 수만 명으로 급성장하고 상대적인 인구집거지를 형성하였으며 전국 각 지역에서 모여 왔기에 제보자의 출신 지역이 조선족의 기존 거주지역을 망라할 수 있었다. 둘째로 북경에서 일정한 정착 기간을 거쳐 점차 경제, 교육, 과학, 문화를 비롯한 제반 분야에서 활약을 하고 있었으며 다양한 직업 구성을 가지고 있다는 점이다. 그리고 북경 거주 한국인이 많다는 점도 선정 이유 중 하나다. 북경 한국인 인구수가 다른 도시에 비해 많을 뿐만 아니라 종사하는 업종 또한 다양하여 인구 구성이 다양하다. 이런 환경은 조선족과 한국인의 접촉 기회를 마련해 주었고 더 나아가 조선어와 한국어의 언어 접촉 및 변이를 관찰할 수 있는 축소판이 될 수 있다.

  본 연구는 아래 몇 개 부분을 포함하고 있다. 첫째는 기존 조사와 연구를 통해서 조선족 및 조선족 언어 사용 실태에 대해 전반적으로 알아보고, 둘째는 북경 조선족을 대상으로 설문 조사를 진행하여 북경 조선족의 언어사용 실태에 대해서 파악을 하였으며, 셋째는 설문지에 대한 구체적인 데이터 분석을 통해 조선족의 언어 태도를 분석하였고, 넷째는 언어 사용 중 나타나는 코드 스위칭의 유형 및 요인에 대해서 분석을 해보았다. 코드 스위칭은 어휘와 문장 두 가지 층위에서 관찰 분석을 진행하였다. 즉 어휘 측면에서 본 조선어 - 한어 코드 스위칭과 조선어 - 한국어 코드 스위칭, 문장 측면에서 본 조선어 - 한어 코드 스위칭과 조선어 - 한국어 코드 스위칭 등 네 가지 유형의 코드 스위칭을 분류 및 분석하였다.

  본 연구를 거쳐 조선족의 교제 범위의 확대 및 교육 수준의 향상과 더불어 한어와 한국어 수준이 제고되는 양상을 보였으며 한족 및 한국인과의 교류 중 코드 스위칭이 중요한 언어적 교제 수단으로 자리 잡고 있음을 발견할 수 있었다. 조선족은 기존의 단일한 조선어 - 한어 코드 스위칭에서 조선어 - 한어, 조선어 - 한국어 코드 스위칭으로 교제 패턴의 다양화를 실현하였고 이런 코드 스위칭의 이면에는 화자의 사회적 신분, 화용 목적 등 사회적 요인이 원인으로 작용을 하였다. 사회적 요인과 언어 변이 사이의 상관성 분석을 통해 조선족 언어 사용 실태 및 언어 변이에 대한 추측을 해 볼 수 있다고 생각한다.

2) 연구 방법

사회 언어학은 타언어 학파와 다른 언어관을 가지고 있을 뿐만 아니라, 방법론과 구체적인 연구 방법도 다르며 나름대로 선명한 특징을 가지고 있다.

사회언어학자들은 사회 환경에서 실제로 사용되고 있는 언어话语를 언어 분석의 자료로 하고 있으며 언어 사회단체에서 신빙성이 있는 자료를 수집하려면 아래 연관된 세 가지 문제에 주의를 해야 한다고 주장한다. 첫째는 조사대상 즉 제보자를 어떻게 확정할 것인가. 둘째는 어떻게 제보자와 담화를 나눌 것인가. 셋째는 어떻게 담화를 가장 이상적인 상태에 이르게 할 것인가 하는 고민들이다. 이런 문제가 중요한 이유는 연구자가 진실하고 믿음직한 언어 자료를 효과적으로 얻을 수 있는지와 직접적으로 관계될 뿐만 아니라 연구자의 실무 태도와 조사 실천방식과도 연관이 되기 때문이다. 이와 동시에 조사 방법과 기술은 또 언어 행위, 사회 행위, 언어 태도 등에 관련된 중요한 원칙에도 영향을 줄 수 있다.[2)]

사회 언어학은 조사 방법에 있어서 실천 원칙을 견지하는 외에 자연과학과 사회과학 연구 방법인 관찰법, 실험방법, 정량분석방법, 통계법 등을 활용하여 체계적이고 효용이 있는 실증 연구 방법을 형성하였다.

언어 자료 수집에 대하여 현지 방문과 현장 조사를 통해 사람들이 일상생활에서 사용하는 생생한 언어를 수집해야 한다고 주장한다. 이런 언어 자료들만이 사람들의 진실하고 자연스러운 본연의 언어생활을 반영할 수 있으며 그 속에서 표현된 언어 구사 방식 및 언

---

2) 王远新, 语言理论与语言学方法轮[M].教育科学出版社, 2006, p.277.

어 태도는 반복적인 검증을 거칠 수 있고 정량 분석이 가능하다.

본 연구에서는 사회언어학의 실증 조사 연구 방법 중 설문 조사와 인터뷰 조사 방법을 채용하여 데이터를 수집하고 데이터 관련 사회적 요소와의 관련성을 분석하였다. 설문조사 및 인터뷰에 대한 데이터 분석에 기반하고 기존 연구 성과를 참조하여 조선족 언어사용 중 코드 스위칭 유형 및 기능에 대한 보편적인 결론을 얻어내고자 하였다.

제1장
사회언어학적 시각에서 본 언어 변이

1. 언어학과 사회언어학

1) 언어학

　언어는 의사소통의 수단인 동시에 인류 문화를 이끌어온 원동력이다. 오늘날 우리 생활에서 떼려야 뗄 수 없을 정도로 우리의 삶과 문화에 깊숙이 녹아든 것이 바로 언어다. 그러므로 언어는 우리 생활에서 없어서는 안되는 참으로 소중한 존재다. 이 소중한 언어를 과학적으로 연구하는 학문이 언어학言語學, linguistics이다.
　언어학자들은 말이란 무엇인지를 정의해 보려고 했는데 스터트번트E.H.Sturtevant가 내린 말의 정의는 "말이란, 그 사회집단의 구성원이 서로 협동하고 상호 작용을 하는 자의적恣意的인 음성적 기호의 조직이다"라고 하였다.[1] 언어기호는 내적인 의미와 그 의미를 담고 있는 외적 형식으로 구성되었는데 의미와 형식의 관계는 흔히 자의적이라고 한다. 즉 내용과 형식 사이에는 필연적인 관계가 아니라 자

---

1) 허웅, 권재일. 언어학개론. 지만지고전천줄, 2008, p.25.

의적이기 때문에 언어의 다양성 및 언어의 변화가 가능하다고 볼 수 있다. 비록 의미와 형식 사이는 자의적이라고 하지만 사회적으로 관습적으로 쓰이게 된 이상 또한 구속성을 가지고 있다. 이는 언어가 상대적으로 안정적으로 유지될 수 있는 사회적 기반이라고 할 수 있다.

인간은 체계적인 언어를 사용하고 있는 유일한 존재이며 인간만이 고차적인 사고 기능을 가지고 있으므로 높은 수준의 문화를 창조할 수 있다. 언어는 사회성이라는 속성을 가지고 있는데 언어 사용을 통해 점차 사회구성원들의 사고방식과 사물을 파악하는 방법을 형성하고 생각을 언어로 나타내기 위해서는 생각을 언어 구조에 맞게 조정하며 이렇게 형성 된 언어 구조는 이를 사용하는 사람들의 정신세계의 기반을 형성한다. 그래서 한 국가나 민족은 공통된 언어 구조에 이끌려 공통된 정신 나아가 공통된 문화를 형성하게 된다고 한다.

2) 사회언어학

언어학자 소쉬르F.de.Saussure(1859-1913)는 언어 체계의 내적 구조에 대한 연구를 "내적 언어학"이라고 하고 지리적 및 사회적 요소와 관련된 언어학을 "외적 언어학"라고 하였으며 "내적 언어학"에 연구 중점을 두었다. 언어에 대한 내적 연구만으로는 진실된 언어의 모습을 밝히는 데 한계가 있다. 이런 한계점을 감안하여 오랫동안 변두리에 처해 있던 "외적 언어학"이 점차 "내적 언어학"과 동등한 위치를 가지게 되었다.

언어는 사회 속에서 존재하여 사회의 여러 요인으로부터 완전히 이탈된 순수한 진공 속에 존재하는 불변의 언어라는 것은 있을 수 없다. 예를 들면 어떤 화자도 언제 어디서나 아무에게나 똑같은 말투로 대화를 하지는 않는다. 다시 말하면 언어는 늘 그것을 둘러싼 여러 외적 요인의 영향을 받고 있는 것이다. 사회언어학이라는 분야는 언어의 탈사회화가 불가능하다는 생각에서 출발하여 시작된 연구다.

사회와 언어의 관계가 광범위하고 복잡하기 때문에 언어학자들이 사회언어학의 개념 및 연구 대상 등에 대한 관점도 다양하다. 다양한 관점들의 공통점을 찾아보면 언어와 사회 또는 사회와 언어를 연결하여 그들의 연관성 즉 공변관계를 연구하는 것으로 취합을 할 수 있다. 미국의 언어학자 브라이트William Bright(1964)는 사회언어학의 과제는 언어와 사회 구조의 공변관계를 밝히는 것이라고 하였다. 여기서 사회를 사회적 맥락으로 이해할 수 있는데 다양한 사회 문화적 변인들 즉 언어를 사용하는 집단의 성별 및 연령, 직업, 교육, 경제적 지위 등의 차이로 인하여 발생하는 다양한 특징과 사회적 연관성에 관하여 연구하는 것이라고 할 수 있다. 사회언어학에서는 사회방언, 이중/다중언어 사용, 상호 작용, 언어 태도, 언어 변화, 언어 이데올로기, 언어 정책, 담화 분석 등의 연구가 포함된다.

'사회언어학'이란 용어가 사용되기 시작한 시점에 관해서는 몇 가지 다른 주장이 있지만 일반적으로 언어학계에 처음 등장한 것은 1952년 미국의 언어학자 하버 큐리Haver C. Currie가 『사회언어학의 설계 - 언어와 사회계층의 관계』라는 논문을 발표하면서 그 개념을 밝힌 것을 시작으로 보고 있다. 그 후 사회언어학 연구가 본격적으로 이루어진 시기는 1960년대와 1970년대로 보고 있어 사회언어학의 역사는 그리 길지 않은 편이라고 할 수 있다.

사회언어학은 연구자들의 관심에 따라 부동한 접근법들이 존재하는데 언어학적 접근의 '변이 사회언어학', 인류학적 접근의 '의사소통의 민족지학', 그리고 사회학적 접근의 '언어사회학'으로 나눌 수 있다. 변이 사회언어학Variationist Sociolinguistics이란 사회적 맥락 속에서 얻어진 언어 연구의 결과를 순수 언어학의 이론을 체계화하고 보완하는 것을 목표로 하는 것으로, 순수 사회언어학이라고도 불린다. 사회적 요인과 관련된 언어 변이와 변천에 관한 연구를 주로 다루는데 중요한 연구주제로 지리방언학과 사회방언학이 포함된다. 의사소통의 민족지학은 사회적 맥락 속의 언어기능을 밝히는 것이 중요하다고 주장하는데 어떤 특정한 언어 집단이 선택하는 언어형식이나 표현들의 패턴에 관하여 체계적으로 기술해야 한다고 주장한다. 연구영역으로는 담화 분석, 대화 분석, 문화 간 의사 소통, 호칭어, 경어법, 언어 태도, 언어교육의 사회적 요인 등이 있다. 언어사회학은 언어보다는 사회적 문제에 중점을 두고 있는 것이라고 할 수 있다. 따라서 기존의 언어학 모델을 발달시키고자 하는 목적이 없으며, 주로 실용적 문제들에 있어서 언어와 사회 간의 상관관계를 분석 기술하는 것이다. 위의 두 접근법이 '미시적 사회언어학'이라고 한다면, 사회학적 접근법은 '거시적 사회언어학'이라고 불리기도 한다. 주요 연구 주제는 언어의 소실과 유지, 이중/다중언어 사용, 언어 전환, 피진과 크레올, 언어 정책 등이 있다.[2]

2. 언어의 접촉과 변이

1) 언어 접촉과 변이

사회언어학에서는 언어에 대하여 이질적이지만 질서적인 체계라

---

[2] [네이버 지식백과] 사회언어학 [Sociolinguistics]

고 보고 있다. 이질적인 성격은 언어의 노멀로 언어 변이 및 변화의 동력적 요소라고 할 수 있고, 질서적인 성격은 언어가 기능을 실현하고 존속할 수 있는 기본적인 요소다. 언어가 질서적이 아니라면 가장 기본적인 교제 기능도 실현할 수 없을 것이고 완전히 동질적이라면 언어의 변화 발전은 상상할 수 없을 것이다. 언어는 여러 가지 변이 형태로 존재하고 여러 가지 변이 형태로 사회에 적응하며 언어의 변이는 언어와 함께 존재한다.

언어의 접촉과 변이는 사회언어학의 거시적 접근에서 다루는 분야로 사회 요소와의 연관 속에서 언어 변이를 다루고 있으며 사회언어학의 주요한 연구대상이다. 이 연구를 통해 언어 발전에서 향후 발전 추세가 있는 언어 변이 형태를 분석하여 언어 발전 방향에 적극적인 간섭을 진행할 수 있으며 또한 역사적인 언어 변이 흔적도 찾아 낼 수 있다. 즉 언어의 공시적인 변이에서 통시적인 변천을 엿볼 수 있다. 사회언어학의 중요한 연구 목적 중 하나가 바로 통시적인 변천의 공시적인 변이 형태로의 확산 과정을 살펴보는 것이다. 사회언어학 연구는 언어 변이를 대면하지 않을 수 없으며 언어 변이를 에둘러서 갈 수도 없다.

언어 접촉은 서로 다른 민족, 다른 집단이 사회생활 중에서 접촉으로 인하여 발생한 언어 접촉을 말한다.[3] 어떠한 언어든지 고립적으로 존재하는 것이 아니라 언제나 다른 언어들과 정도가 부동한 접촉이 발생하고 있음을 알 수 있다. 특히 다양한 언어(방언 포함)가 한 나라, 한 지역에 공존하고 있을 경우 언어 접촉이 더 많이 더 복잡하게 발생하게 된다. 중국에는 한어 외에도 많은 소수민족언어가 있

---

3) 陈松岑, 语言变异研究[M] 广东教育出版社, 2001, p.169.

어 한어와 소수민족 언어사이에서 언어 접촉이 빈번하게 발생한다.

언어 접촉의 결과 필연적으로 언어 영향이 나타나게 되고 언어 영향은 필연적으로 언어구조와 언어기능의 변화를 초래하게 된다. 언어 변화의 원인은 내적인 원인과 외적인 원인으로 나뉘어 볼 수 있는데 언어 자체 구조의 모순, 통합으로 인한 언어의 변화는 내적 원인에 속하고 이런 변화를 표준변화라고 한다. 다른 하나는 다른 언어와의 접촉으로 일어나는 것인데, 이러한 변화는 언어 외부적 사회적 요인의 작용으로 일어나는 비정상적인 변화라고 한다. 언어의 내적 요인에 의한 언어 변화를 분석하거나 탐구를 해야 하지만 언어의 접촉으로 인한 언어 변화의 연구도 중시해야 한다. 언어 접촉으로 인한 언어 변화에는 두 가지 내용이 포함되는데 첫째는 언어구조의 변화로 어휘, 어음, 어법에 변화가 발생한다. 둘째는 언어 기능의 변화로 언어 기능의 변화, 언어 겸용, 언어 전용 등이 망라된다.

2) 과경跨境언어로서의 조선어

사회언어학 언어 접촉의 시각에서 조선어의 언어 변이를 연구할 때 중국에서 한어와 공존하는 소수민족언어라는 것 외에 과경跨境4) 언어라는 점에도 주의를 돌려야 한다.

과경언어란5) 부동한 나라에서 공유하는 동일한 언어를 말한다. 좁은 의미에서의 과경언어란 국경이 인접한 서로 다른 국가에서 동일한 언어를 공유하는 현상을 말한다. 조선어는 주로 조선반도 북부

---

4) 이하 한자 약함.
5) 戴庆厦, 汉语与少数民族语言关系概论[M], 中央民族学院出版社, 1992, p.7.

와 남부 그리고 중국 길림성吉林省 연변조선족자치주를 위주로 하는 동북삼성 등 지역에 분포되어 있는데 이 지역들은 각각 조선민주주의인민공화국, 한국, 중화인민공화국 세 나라에 속한다. 지리적 분포로 볼 때 조선민주주의인민공화국은 또 한국, 중화인민공화국과 인접해 있으며 동일한 민족이 사용하는 동일한 언어다. 또 다른 예를 보면 카자흐어는 주로 카자흐스탄공화국과 중국 신강위글자치구에 분포되어 있기에 과경언어다. 중국 56개 민족 중 28개 민족의 언어가 과경언어다.

과경언어는 역사적인 민족 이동, 국경선의 구축 등 여러 가지 요소로 인해 형성된 것으로 언어 사용자가 대규모적으로 이주하여 정착하게 되고, 현지에서 상대적으로 집거하는, 기존의 특색을 보유한 단체를 형성해야 한다. 앞에서 언급한 조선어와 카자흐어는 모두 특정된 구역이나 범위 내에서 전체 또는 절대 대부분 주민들이 사용하는 언어다. 넓은 의미의 과경언어는 국경비인접 지역의 동일 언어가 포함되는데, 예를 들면 영국 영어와 미국 영어, 중국 내의 한어와 싱가포르 한어다.

동일한 언어가 국경을 초월하여 분포되는 것은 세계적으로 흔히 볼 수 있는 언어현상이다. 왜냐하면 민족과 국가는 동일적인 개념이 아니며 또 민족의 계선과 국가의 계선도 흔히 동일하지 않기 때문이다. 사회, 역사 발전의 종종 원인으로 같은 민족의 동일한 모국어가 국경을 넘어 서로 다른 국가 간 언어가 될 가능성이 있으며, 그들이 사용하는 언어도 그로 인해 과경언어가 된다. 과경언어의 존재는 국가, 사회, 민족 등 문제의 복잡한 일면을 보여 주었으며 이로 인해 민족학, 사회학 등 연구분야의 중요한 과제로 자리 잡고 있다. 과경언어의 내부에 존재하는 차이성은 언어의 특정 역사의 변화 과정을 보여주기 때문에 언어학 연구의 중요한 과제로 관심을 받고 있다.

언어학의 시각에서 볼 때 과경언어 연구는 언어 변이 연구에 참신한 시각을 제공하고 언어 변이 이론에 새로운 내용을 보충해 줄 수 있다. 지역적방언이나 사회적방언에서 언어 내부에 차이가 발생하는 원인은 매우 다양하지만 과경언어 내부의 차이성은 사회 환경과 언어 환경의 차이로 인해 나타나는데 여기서 사회 환경은 언어가 위치한 나라의 사회, 경제, 문화수준 그리고 그 나라의 민족 정책과 민족 언어문자 정책 등을 포함하며 언어 환경은 주로 주변 다른 언어의 특점과 상호 영향을 받는 정도를 말한다. 과경언어의 언어 변이 연구에 있어서 밀접한 관련이 있는 사회 요소들을 감안하여 연구를 진행해야 하며 이는 언어학 연구에 새로운 분야를 개척하였다. 본 연구에서 조선어의 코드 스위칭에 대한 연구도 과경언어라는 조선어의 특징을 충분히 감안해야 한다고 생각한다.

3. 언어 변이의 유형

사회 속에 존재하는 언어는 사회의 변화에 따라 여러 가지가 변이가 일어나게 되는데 언어의 내부적 시스템의 불균형으로 인한 내적 변이가 있는가 하면 언어 사용자의 언어 태도, 언어 접촉 등 사회적인 요인으로 인한 외적 변이가 있다. 언어 변이에 대한 고찰에서 내적 변이에 입각한 연구가 많이 진행되고 있으며 근년에 와서 외적 변이에 대한 연구도 사회언어학의 일환으로 이루어지고 있다. 사회의 발전이 가속화되면서 언어 변이 진척도 가속화되어 가시적인 현상으로 주목받고 있다. 언어 변이의 가장 주된 외적 요소인 언어 접촉 방식도 다양화되고 있는데 특히 도시화의 가속화와 더불어 언어 접촉이 지역적인 제한을 벗어나 더욱 큰 범위에서 일상화되어 가고 있다. 언어 접촉으로 인한 언어 변이는 대체적으로 전용형, 혼합형, 교착형 등으로 나누어 볼 수 있다. 인구가 적은 소수민족이 본민족 언어에서 한어로 전용하는 경우가 많은데 사실 도시에서 사는 조선족도 조선어에서 한어로 전용하는 경우가 증가되는 추세를 보이고 있다. 혼합형은 두 언어가 장기적으로 접촉하여 사용되면서 두 언어의 요소가 혼합된 새로운 언어 변이 형태가 나타나는 경우를 말하는데 한 가지 언어의 어휘와 다른 언어의 문법 체계가 혼합되어 이루어진 언어로 예를 들면 크리올어는 프랑스어 어휘와 아프리카 토족언어 문법 체계를 혼합한 혼합어다. 연변지역 조선족이 사용하는 한어를 보면 가끔 혼합어와 비슷한 경우가 있는데 조선어 문법 체계에 한어 어휘를 삽입하여 사용한다. 교착형은 이중 혹은 삼중언어를 사용하면서 나타나는 언어 접촉으로 인한 어음 변이, 어휘 차용, 문법 형태 차용 등 변이로 영향력이 다른 유형에 비해 적은 편이다. 현재 한어와 소수민족 언어, 표준어와 방언 등 언어가 이 유형에 속한다. 조선어와 한어, 조선어와 한국어 역시 대부분 이 부류에 속한다.

　언어 접촉으로 인한 변이를 살펴본 결과 조선어는 개별적인 전용형과 혼합형이 존재하며 기본적으로 교착형이다.

제2장
코드 스위칭

1. 이중/다중언어와 코드 스위칭

위에서 언급했다시피 거시적 사회언어학의 접근에서 다루는 언어의 소실과 유지, 이중/다중언어 사용, 언어 전환, 피진과 크레올, 언어 정책 등 연구분야 중 하나로 이중/다중언어 사용은 단일언어 사용의 반의어로 둘 혹은 그 이상의 언어를 개인이나 특정 지역 또는 국가의 언어 공동체가 사용하는 것을 말한다.

1) 이중/다중언어

사회언어학자들 사이에서는 이중언어 화자가 문장 안에서 혹은 담화 안에서 두 개의 언어를 번갈아서 사용하는 것을 코드 스위칭 또는 코드 믹싱이라고 부른다.

이중/다중언어는 개인 또는 집단이 일상적으로 두 개 또는 여러 개의 언어 또는 언어 변이체를 사용하는 것으로 전자는 개인 이중/다중언어라고 하고 후자는 그룹 이중/다중언어라고 한다.[1] 이런 현상이 나타나는 사회 요소에는 주로 두 가지가 있는데 첫째는 부동한 언어를 사용하는 사람들이 함께 생활하기에 자연스럽게 개인 이중/다중언어 혹은 그룹 이중/다중언어가 산생된다. 예를 들어, 중국의 서북과 동북, 서남에는 많은 소수민족과 한족이 장기간 집거해 살고 있기 때문에 한어와 본민족의 소수민족 언어를 사용하는 이중/다중언어 그룹을 형성하였다. 동북 지역에 집거해 살고 있는 조선족은 개인 및 그룹 이중/다중언어 그룹을 형성하고 있다. 조선족은 거의 조선어와 한어를 구사할 수 있으며 조선족 사이에 교류를 할 때는 조선어를 사용하고 타민족과 교류할 때는 한어를 사용한다. 하지만 최근에 들어서 조선족의 대도시 이동으로 도시에서 출생하여 교육을 받으면서 점차 조선어를 구사할 수 없는 조선족이 늘어나고 있다. 둘째는 정치, 문화 또는 역사 원인으로 정부가 두 가지 혹은 두 가지 이상의 언어를 사용하도록 규정함으로써 이중/다중언어 개인 혹은 이중/다중언어 그룹이 형성되었다. 예를 들어 싱가포르 정부는 영어, 중국어, 말레이어, 타밀어 등 네 개 언어를 공용어로 표기함으로써 다언어사회를 형성하였다.

이중/다중언어 그룹은 보통 두 가지 발전 양상을 보이는데 지속적으로 유지되거나 단일언어 그룹으로 되는 경우다. 사회에서 두 가지 언어의 발전 수준 및 교류 기능이 비슷하면 장기적으로 이중/다중언어 사회를 유지할 수 있지만 두 가지 언어의 발전 수준에 차이가 크고 교류 기능도 제한이 되어 있으면 점차 발전 수준이 높은 언어에 대체되게 된다. 조선족은 한족과 잡거하는 방식으로 거주해 왔기 때문에 조선어 - 한어 이중언어 그룹을 형성한 지 오래됐고 현재까지 지속되는 양상을 보이고 있지만 위에서 언급했듯이 조선어를 구사

---

1) 刑福义, 社会语言学[M], 湖北教育出版社, 2000, p.51.

할 수 없는 조선족이 많아지면서 조선어 - 한어 이중언어 그룹은 점차 축소되고 있다. 과경민족인 조선족은 기존에 형성한 조선어 - 한어 이중언어 그룹 외에 한국과의 접촉이 많아지면서 한국어[2]와의 접촉으로 인한 다중언어 그룹을 형성하고 있다고 본다.

2) 코드 스위칭

코드 스위칭 개념에 대한 정의는 언어학자들에 따라 서로 다른데 일반적으로 한 문장이나 담화에서 두 가지 또는 두 가지 이상의 언어나 언어의 변이체를 사용하는 현상을 말하는데 언어전환, 부호전환이라고도 한다.

컴페즈Gumperz는 코드 스위칭의 유형을 크게 두 가지로 구분하였는데 하나는 대화자나 화제 등의 변화로 발생하는 코드 스위칭이고 다른 하나는 화자가 청자와의 관계를 개선하거나 발화의 어조 혹은 화제 포인트를 바꾸기 위해 진행하는 코드 스위칭이다.

보프라Poplack는 코드 스위칭이란 연속적인 발화 중에 부동한 언어의 문장이나 문장의 일부분이 나타나는 것을 말하는데 이런 언어 표현은 기본언어의 문법에 부합되어야 한다. 두 가지 언어 혹은 언어 변이체가 동시에 나타나도 문법 체계가 동일하면 코드 스위칭이라고 할 수 없다고 하였다. 그리고 대화 장소, 대화자의 변화에 따라 서로 다른 언어를 채용하는데 대해서는 코드 스위칭이라고 할 수 없다고 했다.

---

[2] 본문에서 조선어와 한국어는 동일 언어의 서로 다른 변이체로 이해 할 수 있음.

코드 스위칭에 대한 정의가 다르면 그에 따른 이론도 서로 다를 수밖에 없다. 본 연구에서는 컴페즈의 정의에 따라 보다 거시적인 측면에서 코드 스위칭을 관찰해 보고자 한다. 때문에 대화 장소, 대화자의 변환에 따른 부동한 언어의 채용 현상도 일괄적으로 코드 스위칭에 포함시켜서 조사하였다. 구체적인 조사 분석에 들어가기 전에 코드 스위칭에 대한 기본적인 이론을 짚고 넘어가려고 한다.

(1) 쿠퍼Cooper

피시먼Fishman과 컴페즈Gumperz의 이론을 바탕으로 뉴욕 푸에르토리코의 이중언어사회단체 언어 상황을 연구하였는데 안정적인 이중언어사회단체에서 부동한 언어는 부동한 분포 범위가 있으며 이러한 분포는 언어의 위상, 대화의 화제, 대화 장소 그리고 대화자의 관계와 관련이 있다는 결론을 얻었다.

(2) 스코튼Scotton

스코튼의 표기이론에 의하면 이중언어자의 언어에 대한 선택은 여러 가지 요소의 제한을 받게 되는데 그 중 하나가 화자가 두 가지 언어에 대한 익숙정도와 장기적으로 형성된 언어 습관이다. 스코튼은 이중언어자의 습관적인 언어 선택을 표식이 없는 선택 즉 무표기선택이라 하고 의식적으로 진행하는 선택을 표식이 있는 선택 즉 표기선택이라 하였으며 이에 관한 네 가지 원칙을 제시하였다.

① 기본원칙

무표기선택은 습관적인 선택과 일치하고 표기선택은 의식적인 선택과 일치하다. 예를 들면 평소 조선어를 사용하는데 습관된 사람이 한어로 사람들과 교제를 하면 그가 의식적인 코드 선택을 하였음을 나타낸다. 이러한 선택은 흔히 화자의 특별한 의도를 반영하고 있다.

② 기교원칙

대화 제보자가 단일언어자이고 화자가 표기선택인 언어만 가능하다면 화자는 피동적으로 표기선택 언어를 선택하여 대화를 진행하게 되는데 이런 경우도 표기선택에 속하지만 위에서 말한 표기선택과는 달리 의도적인 부분이 포함되어 있지 않다.

③ 존경원칙

화자가 청자에 대한 존경을 표시하고 상대방의 호감을 얻기 위하여 언어 선택에서 상대방의 상황을 감안하여 선택하는 경우인데 습관과 모순이 될 수도 있다. 예를 들면 상점의 판매원은 고객의 호감을 얻기 위하여 흔히 구매자와 일치한 언어를 사용한다.

④ 복합원칙

화자가 의도적으로 이중 혹은 다중언어의 코드 스위칭을 반복적으로 사용하여 여러 가지 역할의 능력 또는 의무를 보여 주는 것을 가리킨다. 예를 들면 숙련된 다언어자들이 교제 목적과 대상에 따라 일상적으로 사용하는 방식이다.

위의 네 개 원칙으로부터 볼 수 있다시피 표기이론은 이중언어 사회단체에서 사람들의 언어 코드 전환의 동기를 해석하는데 주안점을 두고 있다. 본 연구의 설문 조사에서 코드 스위칭의 의도에 관한 부분은 이 이론에 바탕을 두었다.

(3) 플라트 Platt

플라트가 1980년에 말레이시아와 싱가포르 사회에서의 코드 스위칭을 연구할 때 피시먼Fishman과 컴페즈Gumperz 이론에 세 가지를 추가하였다

① 개인의 언어습관은 그 자신이 소속된 사회적 특성의 잠재적 영향의 결과이다. 이런 사회적 특징에는 인종, 연령, 성별, 문화정도, 사회 경제적 지위 등이 포함된다.

② 이중언어 현상은 언어 자체에 영향을 주게 되는데, 언어가 외력을 받아 변화를 일으키는 과정 중 이 언어 단체는 보통 두 가지 반응을 보인다. 하나는 개체 응답 방식인데 언어 접촉 중 어떤 언어 그룹의 구성원이 자신의 언어 표현 속에 본인이 불만스러운 사회적 가치와 관련되어 있는 표현이 있다고 느낄 때 화자는 될수록 그 언어 표현을 적게 사용함으로써 보다 좋은 사회적 가치를 나타내는 방향을 지향한다. 그룹 응답 방식을 보면 본 그룹의 사회적 특성을 잃지 않으려는 구성원들은 기본의 언어 표현을 유지하려고 노력하며 심지어 기존 언어 표현과 다르거나 타언어 그룹 표현과 다른 언어적 특징을 만들어 내거나 타언어 그룹과 경쟁하는 방식으로 사회적 위상을 높이려고 노력한다.

③ 부동한 언어그룹 간의 계선은 3개 방면으로 분석할 수 있다.

첫째, 그룹을 구별하는 난이도. 언어그룹의 구성원이 타 그룹의 구성원과 쉽게 구별된다면 언어그룹 간의 계선이 뚜렷하다고 할 수 있으며 만일 구별하기 어렵다면 계선이 명확하지 못하다고 할 수 있다.

둘째, 그룹의 구성원 자격취득의 난이도. 한 사람이 부동한 언어그룹 사이에서 이동하면서 다른 언어를 선택할 때 원래 소속됐던 언어그룹 구성원의 자격을 잃지 않게 된다면 그가 소속했던 언어그룹의 계선이 비교적 모호하게 된다. 이와 반대일 경우에는 비교적 뚜렷하다.

셋째, 다른 언어들에 대한 집단의 태도. 만일 그 언어그룹이 다른 언어에 대하여 비교적 너그러운 태도를 가지고 상술한 원칙과 연관된다면 그 그룹과 다른 그룹간의 계선은 그리 뚜렷하지 못하며 그 그룹의 언어특징을 유지하는 능력도 그리 강하지 못하다. 반대일 경우 그룹의 언어 특성을 유지하는 힘이 강하다.

(4) 하워드 자일스Howard Giles와 스미스P.M.Smith의 언어적응리론

그들은 언어 접촉에 대한 연구는 반드시 이중언어자 혹은 이중언어그룹에서 사용하는 부동한 언어의 사회기능을 연구해야 할 뿐만 아니라 언어 코드 스위칭에 대한 심리적 상태도 연구해야 한다고 하였다. 그들은 코드 스위칭을 취합과 분산으로 나뉘었는데 전자는 화자가 상대방과의 일치성 추구를 기반으로 언어면에서도 상대방에게 적응하기에 노력함을 가리킨다. 후자는 화자가 서로의 차이나 의견을 강조하려고 부동한 언어를 택하는 현상을 가리킨다. 여기서는 언어 그룹들에 보편적으로 존재하는 코드 스위칭을 두 가지 방향으로 귀납하여 분류하였다.[3]

코드 스위칭은 다언어사회에서 흔히 볼수 있는 현상이지만 여러

---

3) 陈松岑, 语言变异研究[M], 广东教育出版社, 2001, p.171-174.

가지 번잡한 내용들이 엉켜 있기 때문에 그 연구가 쉬운 것은 아니다. 다언어사회에서 코드 스위칭 조사를 진행할 때 주민들의 언어학습 유형, 언어에 대한 숙지 및 숙련도, 언어에 대한 평가와 태도, 사회에서의 언어 기능 등 기본적인 내용을 파악하고 그 기초 위에서 코드 스위칭의 구체적인 문제들을 연구해야 한다.

2. 부동한 연구 시각에서 본 코드 스위칭

"코드 스위칭"이라는 용어를 처음 사용한 사람은 하우겐Haugen(1956)이라는 언어학자다. 하우겐은 스위칭Switching이란 서로 다른 두 가지 언어를 번갈아 사용하는 현상을 가리킨다고 하고, 코드 스위칭Code switching이란 어떤 언어로 교류를 하는 과정에 다른 언어를 도입하여 교차적으로 두 언어를 사용하는 현상을 가리킨다고 했다.

20세기 70년대이래, 점점 더 많은 학자들이 코드 스위칭에 관심을 가지기 시작하였고 그에 관련된 연구를 진행하였다. 예를 들면 블롬Blom과 컴페즈Gumperz(1972), 팝락Poplack(1980), 디큐술로Disciullo & 알al(1986), 스코튼Scotton(1993), 阳志清(1992), 黄国文(1999), 于国栋(2000) 등 학자들이다. 아래 부분에서 구체적으로 사회언어학, 구조언어학, 심리언어학, 기능언어학 등 여러 시각에서 진행된 연구들에 대해서 알아보았다.

1) 사회언어학 시각에서의 연구

사회언어학에서 코드 스위칭에 대한 연구는 언어 접촉의 동기와 의미를 통해 이런 언어행위와 사회적 요소(인종, 성별, 연령, 사회경제적 지위, 교육 수준, 지역 등)와의 내적 연관성을 밝히는데 초점을 두었다. 사회언어학의 이론과 방법을 이용하여 코드 스위칭을 연구할 때 언어의 위상적 변이와 화용적 변이에 주안점을 두고 연구를 하였는데 위상적 변이는 "누가 어디에서 말하느냐"에 따라 발생하는 변이로서 개인의 의지와는 관계없이 사회적 약속을 준수해야 하는 변이이며, 화용적 변이는 "동일한 화자가 어떻게 말하느냐"에 따라 발생하는 변이로 이는 개인을 둘러싸고 있는 상황에 대처하면서 개인적인 의지에 대한 다양한 표현 욕구에 대처하는 변이다. 코드 스위칭은 위상적 변이와 화용적 변이 두 가지 변이에 모두 나타나는 변이 형식으로 화자가 어디에서, 어떻게, 누구와 코드 스위칭이 발생하며 왜 발생하느냐에 대한 답을 찾고자 한다. 그 대표적인 연구학자는 블롬Blom과 컴페즈Gumperz(1972), 컴페즈Gumperz(1982), 스코튼Scotton(1993), 阳志清(1992)이다.

컴페즈와 블롬은 1972년에 코드 스위칭의 사회적 의의에 대해서 함께 연구를 진행하였는데 코드 스위칭의 유형을 상황형 코드 스위칭과situational code-switching과 은유형 코드 스위칭metaphoricalcode-switching으로 구분했다. 상황형 코드 스위칭은 언어 환경의 변화에 따른 코드 스위칭이고 은유형 코드 스위칭은 언어 환경의 영향을 받지 않는다. 이런 분류 방식은 엄밀하지는 못하지만 코드 스위칭의 사회적 의의를 밝히는 데는 의의가 있다고 생각한다.

그 후 다년간의 탐색과 연구를 거쳐 컴페즈는 더욱 구체적으로 사회적 요소(인종, 성별, 연령) 및 사회적 경제 지위 등과 코드 스위칭 사이의 연관성을 통해 코드 스위칭에 대해 더 세분화된 유형 분석을 진행하였다. 인용quotation, 청자 특징addressee specification, 감탄

interjection, 반복reiteration, 메세지 자격message quali-fication, 개인화와 객체화personalization vs objectivization 등 여섯 가지 종류의 회화 속 코드 스위칭을 분류하였다.

스코튼은 코드 스위칭의 동기에 대해 아래와 같이 분석을 하였다. 첫째는 어휘 선택 또는 코드 스위칭을 통해 화자의 "화자 캐릭터"를 각인시키는 사회적/화용적 의미다. 둘째는 회화 표기로 주제의 변경 또는 강조의 기능이다. 셋째는 어휘 코드 스위칭을 통하여 즉 어휘를 기존 텍스트에 삽입해 넣어 기존 언어 어휘보다 화자의 의도를 더욱 잘 전달할 수 있다. 어휘적 삽입을 통한 코드 스위칭은 기존 언어에 어휘적 공백lexical gap이 있을 때만이 가능하다. 이 연구는 언어와 언어 외부 관계에만 머물러있지 않고 언어 본체론과 결합하여 언어의 코드 스위칭의 이유 또는 목적에 대해서 연구를 하였다. 기술적 연구에서 해석적인 연구로의 전이는 코드 스위칭 연구의 큰 발전이라고 할 수 있다.

阳志清(1992)은 교제의 시각에서 서면어를 대상으로 코드 스위칭의 교제 기능(편리, 인용, 반복, 회피, 삽입, 심리 거리 유지, 완화 등)을 정리하였고 코드 스위칭의 제약 요인(참여자, 장면과 화제)에 대해 분석을 하였으며 코드 스위칭을 이 세 가지 제약 요인의 영향과 제어 및 종합적인 작용의 결과며 일종의 교제 책략이라고 지적하였다. 코드 스위칭은 여러 문화[4] 간의 영향 및 침투가 언어에 반영된 것이라고 하였다. 阳志清은 코드 스위칭에 대한 연구를 구어체에서 서면어로 확대시켰으며 연구 시야를 넓혀 주었다.

위의 서술을 통해서 알 수 있다시피 사회언어학 시각에서 진행된

---

4) 주도적인 문화와 부차적인 문화, 민족문화와 외래문화를 포함.

연구는 거시적인 측면에서 코드 스위칭과 사회 제 요소 사이의 연관성을 중점으로 다루었으며 이는 언어의 외부적으로 코드 스위칭의 유형과 실현 조건을 분석해 볼 수 있었으며 나아가 그 사회적 교제 기능을 살펴볼 수 있었다.

2) 구조언어학 시각에서의 연구

사회언어학 시각에서의 연구가 거시적인 연구라면 구조언어학의 연구 중점은 미시적인 시각에서 언어의 구조적 형식과 특징을 통해 언어의 내부적 측면에서 코드 스위칭을 분석하는 것이다. 20세기 70년대 이래 갈수록 많은 학자들이 코드 스위칭 중의 언어 구조 문제에 관심을 돌리기 시작하였고 그 중 언어 구조적 제한 즉 코드 스위칭이 어느 곳에서 발생할 수 있고 어느 곳에서 발생할 수 없는가 하는 문제에 대해 연구를 진행하였다.

팝락Poplack(1980)은 어순에 입각하여 코드 스위칭의 구조에 대해서 연구를 하고 두 가지 "제한"규칙을 개괄하였다. 하나는 동등성 제한 the equivalence constraint이고 하나는 자유어휘소 제한the freemorpheme constraint이다. 동등성 제한은 관련된 두 언어의 언어 구조 규칙을 위반하지 않는 경우에 코드 스위칭이 발생한다는 것인 즉 두 언어의 표층 구조의 인터페이스 부분에서 발생하는 것을 말한다. 예를 들면 A 언어 문장 내부구조의 구성규칙이 B 언어와는 다르면 이런 문장들 안에서는 스위칭이 일어날 수 없다. 자유어휘소 제한이란 자유어휘소 간에 자유롭게 스위칭할 수 있는 것을 말한다. 교착 어휘소와 교착되는 자유어휘소는 같은 코드여야 한다. 이 연구는 문법차원에서의 코드 스위칭이 이루어지는 일부 법칙을 제시하였는데 같은 어계에 속하는 언어들 사이에서 일어나는 코드 스위칭을 설명할 때 설득력이 있다. 이 연구에서 제기한 두 가지 제한 규칙은 영어/스페인어 사이의 코드 스위칭을 기반으로 진행한 것이므로 부동한 어계에 속하는 언어 사이의 코드 스위칭에 대해서는 제한성을 가지고 있다.

디큐슐로Disciullo등은 의존성dependency에 입각하여 구조적인 제한에 대해서 연구를 진행하였다. 그는 촘스키Noam Chomsky의 관할과 제어government & binding이론을 기초로 "의존성" 제한을 제기하였는데 예를 들어 X성분이 Y성분을 관할하면 X성분과 Y성분은 같은 코드에서 온 것이라고 할 수 있다. 구체적으로 관할은 언어의 격에 의한 것일 수도 있고 종속범주에 의한 것일 수도 있다.

스코튼Scotton(1993)은 여러 가지 시각에서 코드 스위칭에 대한 연구를 진행하였는데 사회언어학적인 시각에서 구조적인 문제 즉 구조의 제한을 연구한 외에 다년간의 연구를 거쳐 "주체언어 모델"Matrix Language Frame Model이라는 개념을 제출하였다. 언어의 혼합에서 어휘소가 많은 언어를 "주체언어"라고 하고 코드 스위칭에 참여하는 기타 언어를 "삽입언어"라고 하였다. 이 모델은 코드 스위칭이 발생한 문장은 "주체언어"와 "삽입언어"로 구성되었으며 문장 내에서 코드 스위칭이 발생할 때 두 가지 언어의 역할은 서로 다르다고 하였다. 즉 주체언어의 문법 구조가 코드 스위칭이 발생하는 문장의 구조를 결정한다고 하였다. 그는 주체언어와 삽입언어의 차이에 주안을 두고 언어 성분들을 분석해야 하는 중요성을 강조하였다. 스코튼의 모델이론은 코드 스위칭 과정 중의 구조적 문제에 대하여 해석을 할 수 있었지만 완벽하지 못한 부족점도 보여 주고 있다.

黃国文(1999)은 연구 중점을 구조의 제한에 두지 않고 언어 선택과 언어 구조의 상관관계에 두었으며 두 가지 언어(영어와 광둥어) 사이의 선택에서 나타나는 법칙적인 규칙을 찾으려고 하였고 구조 문제와 언어 선택을 결합하여 연구를 진행하였다. 대부분의 학자들이 문장을 기본적인 단위로 다루는 반면 그는 영국의 기능주의 언어학자 할리데이M.A.K.Halliday의 관점을 채용하여 코드 스위칭을 포함하고 있는 구두어의 기본 단위는 분절이라고 하였으며 구체적으로 분절 간 코드 스위칭과 분절 내 코드 스위칭으로 구분을 하였다. 이에 따라 코드 스위칭을 삽입식과 윤환식轮换式으로 나누고 이중언어자가 언어 사용 중 언어 선택과 코드 스위칭 언어 구조와의 관계를 밝히려고 하였으며 위에서 언급한 다른 학자들처럼 코드 스위칭을 설명할 수 있는 구조적인 모델을 밝히려고 하지 않았다. 그의 코드 스위칭 연구대상은 영어와 광둥어 사이이의 코드 스위칭이기 때문에 기타 언어 사이의 코드 스위칭에도 적합한지는 판단하기 어렵다.

언어구조면에서 언어 사용 중의 코드 스위칭을 해석하는 것은 쉬운 일이 아니며 지금까지 진행된 연구 결과로 보면 코드 스위칭을 완벽하게 해석할 수 있는 모델은 아직 없다고 할 수 있다.

3) 언어심리학 시각에서의 연구

언어심리학 시각에서 코드 스위칭에 대한 연구는 이중언어자가 코드 스위칭 과정에 나타나는 사유과정에 연구 중점을 두었다. 클라이네Clyne(1987,1991)의 코드 스위칭 촉발이론triggering, PingLi(1996)의 구어체 코드 스위칭 식별 연구 등이 있지만 코드 스위칭을 해석할 수 있는 심리적 패턴을 내놓지 못했다.

디나 벨라예바Dina Belyayeva의 개념구조활성화모델the Model of Conceptual Structure Mapping은 코드 스위칭을 화자의 표현 책략 문제로 보고 표현의 실패로 발생한 코드 스위칭은 구조적 요소의 영향을 받을 뿐만 아니라 경험 요소의 영향도 받는다고 하였다. 개념구조란 한 언어의 프레임, 도메인, 도식화 등 일련의 지식을 기초로 하는 시스템으로 어떤 언어의 개념지식과 모든 어항을 수용할 수 있으며 그 언어의 특유의 어휘 표현 시스템이다. 이 모델에 의하면 개념구조는 이중언어 정보(개념과 어항) 가공 과정의 내적 메커니즘을 명확하게 해석할 수 있으며 어항과 개념(의미) 두 측면은 서로 연계되어 있고 구조의 고정적인 관계 네트워크는 확장적이고 활성화된 관련 네트워크를 통해 어항과 개념을 저장한다.

개념구조의 제1 언어의 어항에 "결원"이 있고 제2언어에 대응되는 표현 어항이 있을 경우 개념구조에 "결핍"현상이 있다고 여기며 이 개념이 제1언어에서 제2언어로 투영이 되는 경우 제2언어의 어휘로 빈 공간을 채우게 되면 이럴 경우에 코드 스위칭이 발생한다. 투영은 이중언어자의 경험치와도 관계가 있는데 이중언어자는 교류 중 제1언어의 구조에 더 많이 의존하게 되며 흔히 제1언어의 표현방식을 제2언어 표현에도 확대시켜 사용하는 경우다. 이중언어사용자에 의해 활성화된 개념이 제1언어와 제2언어에서 언어표현 방식이 일치하지 않고 개념의 등장 배경(경험 요소)이 교체 불가능할 때 코드 스위칭이 발생할 가능성이 가장 크다. 반대로 이중어의 언어표현 방식이 일치하고 개념의 등장 배경이 겹치게 되면 코드 스위칭이 발생할 가능성이 적다. 이 모델에 의하면 구조 요소와 경험 요소의 고저와 양자의 상호 작용의 정도로 이중언어 사용 중 코드 스위칭 발생의 가능성을 가늠할 수 있다는 것이다. 개념구조활성화모델은 코드 스위칭에 대한 일종의 다른 해석으로 언어 구조와 경험 요소가 코드 스위칭에 대한 영향을 분석하였다. 이 모델은 언어 구조와 경험 요소 외(예를 들면 문화 요소)의 요소가 코드 스위칭에 미치는 영향에 대해서는 밝혀내지 못했고 코드 스위칭의 교제 보충 책략 외의 기능에 대해서도 심도 있는 연구를 진행하지 못하였다.

4) 기능언어학 시각에서의 연구

사회언어학에 대한 연구는 부호 전환과 사회요소 간의 거시적 관계를 성공적으로 해석하였으나 심리, 인지, 문화 등 요소가 부호 전환에서 일으키는 역할은 아직 해석하지 못했다. 구조주의언어학에서는 어떤 코드 스위칭이 발생할 수 있는지, 어떤 코드 스위칭은 발생할 수 없는지 그리고 코드 스위칭의 문법면의 일부 특징에 대해서 논술하였으며 문법면의 일부 규칙들을 개괄하려고 노력을 하였으나 모든 현상에 대해서 해석을 할 수 없었고 사회적, 심리적, 문화적 등 요소들의 역할을 보지 못했다. 코드 스위칭에 대한 더욱 다양한 연구를 시도하는 과정에서 黃国文(1995), 于国栋(2000) 등은 화용론에 입각하여 기능언어학적 시각으로 연구를 하게 되었다.

黃国文은 추리 메커니즘의 방식원칙에 따라 광둥어와 영어 사이의 코드 스위칭 문제를 연구하였다. 그는 코드 스위칭은 언어의 일종 표기성 현상으로 언어적 교제 중 부동한 언어 코드가 혼합되어 나타나는 현상은 언어 화용의 유기적인 구성부분으로 발화자의 언어 방식 선택에는 나름대로의 의미가 있다고 생각한다. 연구를 통해 아래와 같은 몇 가지 결론을 얻었다. 첫째는 표기성 표현 방식인 코드 스위칭은 방식 원칙에 따라 보편적인 의향적 함의를 지니며 코드 스위칭 방식을 채용한 교제 의향은 교제 과정의 동질감을 불러일으

키거나 증진시켜 교제 기능을 실현할 수 있다. 둘째는 코드 스위칭은 표기성 언어 표현 방식으로 기타 표기성 언어 표현 방식과 마찬가지로 사용 빈도가 높아짐에 따라 표기성이 약화된다. 셋째는 코드 스위칭은 일정한 환경에서 언어 기교로 전환될 수 있다. 黃国文은 방식원칙의 이론 틀에서 코드 스위칭에 대해 연구를 하여 코드 스위칭은 언어의 일종 표기성 현상으로 코드 스위칭의 교제 기능을 해석하였는데 이는 코드 스위칭 연구에서 주목할 만한 일이다.

于国栋은 베르슈에렌Verschueren의 언어순응론linguistic adaptation theory을 기반으로 코드 스위칭을 연구하였다. 기존 생물진화론의 개념이었던 것을 화용론에 도입하여 언어학 연구의 한 시각으로 연구를 한 것이 언어순응론이다. 언어사용은 언어가 기능을 발휘하는 과정으로 언어 사용자가 교제환경의 수요에 따라 끊임없이 언어수단을 선택하여 교제 목적에 달성하는 과정이다. 여기서 순응은 언어의 사용환경과 언어 구조의 선택 간의 상호 적응으로 체현된다.

순응성이론 연구 모델에 의해 코드 스위칭을 언어현실에 대한 순응sociallllentio ns, 사회적 약속socialconventions, 심리동기mental-motivation이유 또는 목적이라고 했다. 언어현실에 대한 순응이란 언어사용자가 교제 과정에 동적으로 언어사실에 순응하여 언어선택을 하는 것으로 자신의 교제 목적을 달성하는 것을 가리킨다. 사회적 약속에 대한 순응은 주로 풍속습관과 행위방식 등 사회문화에 대한 순응을 말한다. 심리동기의 순응이란 교제과정에서 교제 상대방의 심리동기에 순응하는 것을 말한다. 하지만 언어 현실에 대한 순응, 사회적 약속에 대한 순응 및 심리 동기에 대한 순응을 어떻게 하는지에 대해서 즉 구체적인 실현 방식에 대해서는 언급하지 않았다.

또한 사회적 약속과 심리동기에 구체적으로 어떤 내용이 포함되는지에 대해서도 서술을 하지 않았는데 이 부분은 향후 지속적인 연구가 필요할 것 같다.

위에서 사회언어학적 시각, 구조언어학적 시각, 심리언어학적 시각, 기능언어학적 시각 등 부동한 시각에서 진행된 코드 스위칭에 대한 연구를 살펴보았다. 시각이 다르면 접근법이 다르게 되고 따라서 다루는 문제도 다르게 된다. 부동한 시각에서 코드 스위칭에 대한 부동한 이해를 바탕으로 구조와 기능 등 여러 면에서 심도 있고 다양한 연구가 진행되었다고 할 수 있다. 하지만 코드 스위칭을 완벽하고 전면적으로 해석할 메커니즘과 기능 등 문제들에 대한 답을 아직 찾지 못하였으므로 지속적인 연구가 필요하다고 생각한다.

3. 조선족 이중언어 코드 스위칭

조선족 이중언어 사용 중의 코드 스위칭 현상에 대한 기존의 태도나 시선은 긍정적이지 않았다. 많이는 언어의 불순함, 언어의 불규칙적인 사용, 언어를 제대로 장악하지 못한 언어 구사 능력의 미흡으로 인한 현상으로 여겼다. 이런 시선으로 인해 이중언어 사용자인 조선족의 언어생활에 보편적으로 나타나는 코드 스위칭은 중시를 받지 못하였고 그에 대한 연구도 충분히 진행되지 못하였다.

조선족 언어 사용 중의 코드 스위칭에 대한 연구는 조선어와 한어 이중언어 사용에 대한 연구에서 시작되었으며 이중언어 연구에서 점차 코드 스위칭 연구로 나아가게 되었다. 조선어-한어 이중언어 문제에 대한 이론적 연구는 崔允甲교수의 논문 "한어와 조선어

음운체계 대조"에서 시작되었다고 할 수 있는데 조선어 - 한어 대조 연구는 한어가 조선어에 대한 영향을 이해하는데 필요하고 도움이 될 뿐만 아니라 이중언어 교육에 대한 연구와 실천에도 긍정적인 역할이 있다.

1980년대 들어서서 조선어와 한어에 대한 대조연구가 점차 많아지기 시작하였는데 이때부터 두 언어에 대한 대조연구가 본격화되었다고 할 수 있다. 주요 연구 논문을 보면 "한어와 조선어 제2인칭 대명사의 대조 및 사용 연구"[5], "한어 용언과 목적어 관계가 조선어에서의 대응 형식"[6], "조한 인칭대명사의 주요 특징"[7], "을/를의 문법적 의미와 한어에서의 대응 형식"[8], 그리고 "조선어와 한어 호칭어의 사회언어학적 대조"[9] 등이다.

조선어 - 한어 연구 관련 학술 저서를 살펴보면 崔奉春의 "조한 어휘 대조"(1987)가 있다. 이 책에서는 의미론, 화용론의 시각에서 조선어와 한어 어휘에 대해 대조 분석을 하였다. 조선어와 한어의 언어 접촉으로 인한 상호 영향, 특히는 한어가 조선어에 대한 영향을 다루었고 조선어의 규범화문제는 조선어 사용 중의 한어의 간섭을 시정하는 데로부터 착수를 해야 한다고 하였다. 조선어와 한어의 접촉 및 영향에 관한 논문은 冯公达의 "연변의 이중언어 현상"[10], 崔吉元의 "조선족 주하룡 일가 5대의 단일, 이중, 삼중언어 사용 상황"[11]이 있

---

5) 崔吉元, "한어공부", 1980.
6) 崔承一, "한어공부", 1981.
7) 崔承一, "길림성언어학회논문집", 1984.
8) 崔承一, 한국 "이중언어학회학술지", 1992.
9) 崔健, 중국 "이중언어학회학술지", 1992.
10) "민족어문", 1983.

다. 그 뒤로 국내 조선족의 언어 사용 상황 및 한어가 조선어에 대한 영향을 연구한 논문에는 朴钟浩, 赵贵顺, 崔羲秀 등이 공저한 "할빈시哈尔滨市 조선족 조선어 사용 실태 및 조사"12), 朴奎永의 "반석진磐石镇 조선족의 언어사용 실태 조사"13), 许德衡과 朴彩秀가 공저한 "흑룡강성黑龙江省 조선족의 이중언어 현황"14), 崔吉元의 "용정시龙井市 조양천 용포촌 조한 두 민족의 이중언어 현황 통계"15), 金祥元의 "중국 조선어의 이질성 성분과 조선어의 통일 규범화 문제"16), 许东振의 "언어 접촉과 사유 및 언어 예절"17), 崔云甲의 "조선어가 중국에서의 변화"18), 林亨载의 "조선족 이중언어 사용 중의 코드 스위칭"19) 등을 예로 들 수 있다.

조선족 언어 사용 중의 코드 스위칭에 대한 연구에서 金钟太의 "조한 이중언어 코드 스위칭 연구"(2000)는 중요한 연구 저서다. 저자는 사회언어학, 기능언어학, 구조언어학, 생성문법 등 여러 가지 시각에서 연변 조선족자치주의 조한 이중언어 접촉 과정에 발생하는 코드 스위칭에 대해 아주 자세한 묘사와 분석을 진행하였다. 연변조선족자치주의 이중언어 사회에 대한 분석을 바탕으로 조-한 코드 스위칭의 관계 조절 기능, 텍스트 조직 기능, 의미 소통 기능,

---

11) "중국어문", 1984.
12) "조선어 학습과 연구", 1985.
13) "중국조선어문", 1997.
14) "중국조선어문", 1990.
15) "중국조선어문", 1990.
16) "조선학 연구", 1990.
17) 한국"이중언어학회 학술지", 1990.
18) 한국"이중언어학회 학술지", 1990.
19) "해방군외국어학원학술지", 2002.

발화 수식 기능 등 여러 가지 기능을 분석 정리하였고 문장 내 코드 스위칭의 문법적 제한에 대해 품사의 제한, 교착 어미와 형태 변화의 제한, 선형 순서의 제한, 문장 형성 제한 등으로 자세한 분석을 진행하였으며 코드 스위칭의 생성 메커니즘에 대해서도 다양한 분석을 진행하였다. 기존의 현상에 대한 묘사에 집중된 연구에 비해 문법적 제한 또는 생성메커니즘에 대한 이론적인 탐색이 두드러진 연구라고 할 수 있다.

　기존의 연구를 보면 조선족 언어사용 실태에 대한 조사 연구는 주로 연변조선족자치주를 중심으로 진행되었고 연구 내용도 조선어 - 한어 코드 스위칭에만 집중되고 조선어와 타언어사이에서 발생하는 코드 스위칭에 대해서는 언급이 되지 않았다. 도시화의 가속화로 대도시와 연해도시로의 조선족 인구 이동이 가속화되었고 한국이나 일본 등 외국으로의 이동 인구도 대폭 증가되면서 기존 거주지의 공동화와 새로운 거주지의 형성이라는 새로운 거주 형태가 형성되었다. 거주 환경이 바뀌면서 언어생활도 새로운 양상을 나타내고 있었는데 그 중 주목할 만한 것은 코드 스위칭의 유형이 기존의 조선어 - 한어 이중언어 코드 스위칭에서 한국어가 추가되어 삼중언어 사이의 스위칭으로 다양화되었다. 민족의 발전에 있어서 언어 발전은 홀시할 수 없는 중요한 자리를 차지하고 있다. 조선족의 언어생활에 관심을 갖고 문제점들을 분석 해결하고 새로운 양상들에 대한 연구도 충분히 이루어져야만 보다 미래지향적인 언어 연구를 할 수 있다고 생각한다.

제3장
조선족 및 조선족 언어 사용 실태

1. 조선족 사회 형성 및 인구 현황

1) 조선족 사회 형성[1]

조선족은 과경민족으로서, 조선족 사회의 형성과정은 역사적인 변천과정을 거쳤는데 오랜 시간 중국에서 생활하게 된 조선족은 역사적인 흐름 속에서 조선과 한국과는 다른 자연, 사회 환경 속에서 생활하면서 조선반도 민족공동체와는 차별화되는 중국 56개 민족 중의 일원으로 자리매김하였다. 조선족 사회의 형성 과정은 대체적으로 다섯 개 단계로 나누어 볼 수 있다.

(1) 전쟁 이민 단계(17세기 초엽)

명나라와 후금의 전쟁에서 명군을 지원하기 위해 파견된 1만 3,000여명의 조선병사 가운데서 약 5,000~6,000명이 후금의 포로가

---

[1] 조선족 사회 형성 관련 내용은 '조선족 간사簡史' 등 조선족 이민 관련 자료를 참고함.

되었다. 그 후 1636년과 1727년, 후금과 청의 두 차례 조선과의 전쟁에서 또 수만 명의 조선인들이 중국 요동지역으로 들어오게 되었다.

중국 동북지역에 이주된 조선인들은 장기간 외계, 특히는 조선반도와 연계가 끊어지고 만족, 한족과 장기적으로 함께 생활하였다. 이 과정에서 절대다수의 사람들이 완전히 동화되었으며 일부 사람의 후예만이 오늘날 조선족의 족적을 회복했다. 350여년의 세월동안 그들은 기타 민족과 함께 생활하였고 타민족과의 통혼을 통해 후대를 이어가면서 자기 민족의 언어와 풍속습관을 거의 완전히 잃어 버렸다. 이들은 한족 또는 만족으로 등록돼 오다가 1982년에야 조선족으로 등록할 수 있었다.

(2) 이민 실변 정책 단계(17세기 70년대 - 1910)

1885년, 청나라는 두만강 이북 해란강 이남 지역을 조선인이민 전문 개간구역으로 정하고 '월간국越墾局'을 설치하여 개간사무를 관리함으로써 조선농민이 개간하는데 편리를 주었다. 통계에 따르면 1870년에 압록강 북안일대에 이미 28개 조선인이 집거하고 있는 집거마을이 형성되었다. 청나라 광서7년(1881)에 연변지역의 조선인은 이미 만여 명에 달하였다. 1883년에 집안吉安, 임강臨江, 신빈新賓 등 현에 이미 3만 7,000여명의 조선인이 거주하였으며 같은 시기에 우쑤리강 연안 일대에도 적지 않은 조선인이 이동을 했다. 1903년에 장백 등지에 도합 37개 조선인마을이 있었는데 1만 6,357호, 55,590명이었다. 1910년에 일제가 조선을 병탄한 후부터 1918년까지 동북 각지로 이동한 조선인과 애국인사가 36만여 명에 달하였다.

(3) 항일전쟁 시기(1910 - 1931)

1910년 8월 22일 일본은 한일합병조약을 통해 조선을 완전히 병탄했다. 망국노가 되기를 원하지 않는 조선인민들은 분분히 일떠나 항쟁하였으며 항일구국의 의병투쟁은 전국에 퍼지게 되였다. 일부 의병부대는 압록강과 두만강을 건너 중국 동북지역으로 근거지를 옮겼다. 통계에 따르면 1910년부터 1920년까지 압록강 이북으로 전입한 조선인수는 9만 8,650명이고 두만강 이북으로 전입한 조선인수도 9만 3,883명으로 도합 19만2,540명이다. 1920년에 동북의 조선인인구는 이미 459,540여명을 초과하였다. 1931년의 통계에 따르면 중국 동북의 조선인인구는 63만 982명으로 늘어났다.

(4) 집단 이민 단계(1931 - 1949)

1931년 9·18 사변으로 중국 동북부는 일본의 식민지로 전락했다. 일본은 식민지배의 요구에 따라 관리이주管理移住를 실시하였고 이로 인해 1931년부터 1945년까지 이민수가 급증하였는데 전에 전체 이민자의 3배에 이르렀다. 1940년 8월 통계에 따르면 1937년부터 1940년까지 일본이 집단개척민 명목으로 동북 각지로 강제 이주시킨 조선농가가 1만 4,725가구에 이른다. 상기 몇 개 단계의 이민을 거쳐 1945년 일본의 패전 전까지 중국에 이주한 조선인이 2,165,615명이였다. 1945년 8월 일본의 항복과 조선이 광복된 이후 중국으로 이주한 조선인들이 조국으로 돌아갔고 중국에 남은 조선이주민은 1949년 중화인민공화국 수립 후 조선족으로 공식 편입됐다.

(5) 새 중국이 창건된후 (1949.10 - 현재)

새 중국이 창건된 후부터 개혁개방 이전까지 조선족은 대부분 농촌에 집거해 조선민족의 교육, 문화, 풍속을 유지하고 발양했으며, 주로 농촌에서 벼농사 생산에 종사했다. 개혁개방 이후 조선족 인구는 농촌으로부터 도시에로, 소도시로부터 대중도시에로, 동북의 전통 집거지역으로부터 관내의 발달한 지역과 국외로 이동했다.

2) 조선족 인구 현황

2010년, 제6차 전국인구조사 결과로 조선족 인구는 1830929명인데, 그중 인구가 만 명 이상인 지역은 길림성(1,040,167명), 흑룡강성(327,806명), 요녕성辽宁省(239,537명), 산동성山东省(61,556명), 북경시北京市(37,380명), 상해시上海市(22,257명), 내몽골자치구内蒙古自治区(18,464명), 천진시天津市(18,247명), 광동성广东省(17,615명), 하북성河北省(11,296명)이다.2)

개혁개방 후 특히는 1990년대 이후 도시화와 동북지역 경제의 상대적인 낙후와 과잉노동력의 추가로 조선족의 대도시 및 국외 진출이 대폭 증가되었다. 1980년부터 2006년까지 대략 50~55만 명의 조선족들이 고향을 떠나 연해도시나 대도시로 이동을 하게 되었으며 같은 시기에 25만 명의 조선족이 한국 등 외국으로 이동을 하게 되었다.3)

조선족 인구의 대규모 이동으로 인해 기존 거주지인 동북지역의

---

2) 제6차 인구 조사 자료.
3) 金炳镐, 中国朝鲜族人口问题研究[M], 民族出版社, p.10.

많은 곳에 공동화 현상이 나타나는 반면 조선족들이 이주한 도시에는 새로운 조선족 거주지가 조성됐다. 대련시大连市, 심양시沈阳市, 영구시营口市, 천진시, 북경시, 위해시威海市, 연태시烟台市, 청도시青岛市에는 환발해만 조선족 거주지가 형성되었다. 흑룡강신문에서 조선족 인구에 대한 보도 자료에 의하면 환발해만 지역에서 산동성이 18만 명, 북경시가 6만~8만 명, 천진시가 6~8만 명, 대련시가 3만 명으로 39~45만 명이 거주하고 있다고 하였다. 그 외에 상해시, 강소성江苏省, 절강성浙江省 등 지역에 10만 명이 거주하며 광동성에 6~8만 명이 거주하고 있다고 하였다.

또한 한국 기업 투자의 성장과 함께 국내 연해 대도시의 조선족 인구는 지난 20년 사이 배로 늘었다. 예컨대 한국투자기업이 많은 산동성의 경우 조선족 상주인구는 1990년 3362명에서 2010년 61,556명으로 20년 사이 18배 늘었다. 오늘날 조선족의 중국내 인구 분포는 기존 동북 삼성을 위주로 했던 것과는 완전히 다른 새로운 분포 양상을 보이고 있다.

인구유동은 노동력시장의 형성과 발전을 전제로 한다. 중국의 경우 국가에서 농민들의 도시진출 노동력취업 제한을 전면적으로 철폐한 2003년 이후에 인구유동이 본격적으로 나타나게 되었다. 조선족 농민들의 노동력 시장 진출에 영향을 미친 것은 1992년 중·한수교다. 수교 후 양국 간의 경제무역관계가 비교적 빨리 발전하여 서로 중요한 경제무역 파트너가 되었다. 한국은 국내 인건비 상승으로 산업경쟁력이 떨어지는 시점에 노동집약적 산업을 인건비가 더 싼 나라로 이전하는 한편 더 싼 외국 노동력 유치에 눈길을 돌렸으며 중국의 노동력 유치가 중요한 해결책이 되었다. 20세기 90년대의 중국 동북은 경제발전이 상대적으로 뒤떨어지고 국유기업개혁이 힘겹게 진행되고 있고 농촌에는 대량의 과잉노동력이 존재하고 있어 노동력을 이전시키는 것을 수요하고 있었다. 이런 내외적인 원인으로 언어 소통 면에서 우위를 가지고 있는 조선족 농민들을 국제 노동시장 특히 한국 시장으로 이끌었다. 이때로부터 많은 조선족들이 각종 경로를 통해 한국으로 가게 되었는데 2017년 1월 말 한국 체류 외국인 2,013,779명 가운데 50.8%인 1,022,637명이 중국인이고 이 가운데 630,110명인 61.6%가 조선족이다. 전통적인 조선족 공동체의 급속한 해체와 재편은 언어사용에서도 새로운 양상을 보이게 된다. 조선족 인구의 약 34% 이상이 한국에 거주하고 있는 셈이다.

〈표 1〉 체류외국인 및 연도 별 중국인과 조선족 거주 현황[4]

구분	2013	2014	2015	2016	2017
총계	1,576,034	1,797,618	1,899,519	2,049,441	2,013,779
중국	778,113	898,654	955,871	1,016,607	1,022,637
조선족	497,989	590,856	626,655	627,004	630,110

대규모의 인구 이동은 새로운 사회 문제를 야기하고 있다. 조선족이 기존의 농경경제 위주의 집거지에서 3차 산업 위주의 새로운 도시 집거지로 변화하는 것은 불가피한 추세다. 이와 함께 인구 마이너스 성장, 조선족 교육 위축, 조선족 전통문화 상실, 조선어 사용 인구 감소 등의 문제도 함께 안고 있다.

---

[4] 2017년 1월 31일 기준 출입국 통계 월보(http://www.immigration.go.kr/HP/COM/bbs_003 /BoardList.do?strNbodCd=noti0097&strOrgGbnCd=104000&strFilePath=imm/&strRtnURL=I MM_6070&strNbodCdGbn=&strType=&strAllOrgYn=N)

3) 북경 조선족 인구 현황

2005년 말까지 북경시의 상주인구는 1,538만 명이였는데 그 중 호적인구가 1,180만 7,000명이며 반년 이상 거주한 외래 인구는 357만 3,000명이다. 북경시 인구 중에는 56개 민족이 포함되어 있으며 한족을 제외한 회족, 만족, 몽고족, 조선족 인구는 모두 1만 명을 넘는다.

2010년 제6차 인구조사에 따르며 북경에 있는 조선족은 약 7.7만 명으로 북경 소수민족 중 인구수가 만족, 회족, 몽고족 다음이다. 그 중 58.1%가 조양구朝阳区와 해전구海淀区에 집중되어 있다. 북경에서 조선족의 거주 형식은 집거·잡거·산거 등으로 분류되며, 주요 집거지는 조양구, 순의구顺义区에 집중되어 있다.

2. 조선족 교육 발전 과정 및 현황

1) 조선족 교육 발전 과정

조선족의 교육 발전 역사도 조선족 사회 형성 역사와 마찬가지로 몇가지 단계로 정리해 볼 수 있다. 근대 이후 조선족의 중국 이주가 시작되면서 조선족 교육에서 겪은 과정은 대체로 청말 민국 초기 (19세기 초-1931.9), 일본 동북 점령 시기(1931.9-1945.8), 해방전쟁 시기 (1945.9-1949.9), 중화인민공화국 수립 후 17년(1949.10-1966.5), 문화대혁명 시기(196.6-1978.11), 개혁개방 후(1978.12-현재)로 나뉜다.[5]

---

5) 이 부분은 조선족 교육 발전 관련 논문 참조

(1) 청말 민국 초기(19세기 초 - 1931.9)

　1875년 이후, 동북으로 이주한 조선족은 차츰 정착된 생활을 하기 시작하였으며 어려운 상황 속에서도 서당, 학당을 세우고 민족 자제를 대상으로 조선어문과 유학 교육을 진행하였다.

　조선족이 근대교육을 시작한 첫 학교는 1904년 4월에 건립된 훈춘현琿春县 동광학교다. 1914년, 연변지구의 연길현에는 조선인 서당이 116개, 1916년에는 사립학교가 146개 있었다. 이후 1920년대 용정을 중심으로 대성중학교, 동흥중학교 등 중등교육기관이 생겼다.

(2) 일본 동북점령 시기(1931.9 - 1945.8)

　1931년 "9·18 사변"이후 조선족들의 민족의식과 반일투지를 말살하기 위해 일제는 동북지역에서 "문화통치"를 실시하고, 동북지역 조선족에게 강제 노화교육을 실시해 민족을 동화시키려는 목적을 달성하려 했다. 그동안 일본은 조선족의 민족의식을 말살하고 반일구국운동을 억누르기 위해 조선족 민영학교를 강제 폐쇄하거나 합병하고 일본의 교수를 위주로 한 고등학교를 세우고, 그나마 남아 있는 조선족학교에서는 일본인들이 만든 교재를 강제로 사용했다. 1941년, 일본군은 조선어의 사용권리와 조선족 교육을 완전히 취소하였고 이로 인해 조선족 교육이 훼멸적인 타격을 받았다

(3) 조선족교육의 발전기(1945.9 - 1949.9)

　이 시기 조선족지구는 신속히 민족학교를 회복하였고 민중의 힘으로 각지에 민영학교를 설립하기 시작하였다. 해방 후 조선족 민영

학교의 설립은 조선족 소학교와 중학교 교육을 유지하기 위해 기초를 닦아놓았다. 1948년의 통계에 따르면 당시 연길현(지금의 용정시)에 소학교 171개 중 민영이 141개, 연변에 중학교 27개 중 16개가 민영이었다. 1949년 4월, 당과 인민정부는 조선족교육사업을 발전시키고 조선족간부와 고급 지식인을 양성하기 위하여 연길시에 조선어문으로 강의를 하는 종합 민족대학인 연변대학을 창설하였다. 이로써 중화인민공화국이 창건되기 전야에 동북지역의 조선족거주지구에 대학 1개, 사범학교 2개, 중학교 64개, 소학교 1404개, 교원 6,060명, 학생 21만 4,948명이 있었다.

(4) 새 중국이 창건된 후 17년(1949.10 - 1966.5)

새 중국 창건 초기는 조선족교육 발전의 황금기라고 할 수 있는데 조선족의 중소학교 교육이 급속히 발전하였다. 이때는 편벽한 농촌과 산간지역에서도 거의 9년제 의무교육을 보급 하였다. 연변조선족교육은 전국 소수민족 교육가운데서 첫 번째를 차지하였는바 처음으로 소학교교육을 보급하였고(1952) 처음으로 초급중학교교육을 기본적으로 보급하였으며(1958) 처음으로 청장년 문맹을 퇴치하였으며, 처음으로 연변대학, 연변의학원, 연변농학원 등 3개 민족대학을 건립하였으며 국내 최초로 농민성인대학인 여명대학을 창립하였다. 이리하여 연변은 "교육의 고향"[6)]으로 불렸다.

1958년 이후 "좌"적사상의 영향으로 일부 지방에서 민족 언어 교수를 홀시하거나 배척하는 현상이 나타나 많은 조선족 중소학교가

---

6) 연변조선족자치주 기초교육자원고, 006.

민족 연합 학교로 취소되거나 통합됐다. 1961년에 이르러 "좌"적경향을 시정하면서 민족 언어 교수가 다시 중요시되었고 조선족중소학교교육이 또 새로운 발전을 가져왔다.

(5) 문화대혁명 시기(1966.6 - 1978.11)

이 시기 조선족학교 최소화정책이 실시되면서 한족학교에 다니는 조선족 학생들이 크게 늘었다. 조선족이 많이 사는 대중도시의 70~80%가 한족학교에 다니고 조선족이 주로 거주하는 연변지역의 한족학교 중 절반가량이 조선족 학생들인 현상이 나타났다. 조선어 언어사업과 언어교학은 엄중한 좌절과 파괴를 받았다. "민족언어 무용론"의 영향으로 다수의 조선족학교가 통폐합되고 조선어교사들이 타격을 받으면서 조선족교육의 질이 떨어지고 교육체제가 크게 파괴됐다.

(6) 개혁개방으로부터 중한수교 이전까지 (1978.12 - 1992.7)

개혁·개방 이후 국가자치법과 연변조선족자치주자치조례는 '민족구역자치를 실시하는 지방은 민족적 형식과 특성을 지닌 교육·문학·예술·체육·신문·민속 등 문화사업을 자주적으로 발전시킬 수 있다'고 규정 했다. 이에 따라 그동안 통폐합됐던 조선족학교가 되살아나면서 조선족 교육이 본격적인 궤도에 오르게 됐다.

(7) 중한수교 이후(1992년 - 현재)

시대 변화에 따라 100여년 역사를 가진 조선족 교육이 위기를 맞고 있다. 위에서 언급했다시피 대규모 인구 유동으로 기본의 교육체제가 붕괴될 정도로 여러 가지 문제점을 안고 있다. 교육은 민족 발전의 근간이다. 현재 조선족 교육에서 발생한 문제점들을 직시하고 해결책을 찾아야만 조선족 사회의 미래지향적인 지속가능한 발전을 실현할 수 있다.

2) 조선족 교육 현황[7]

조선족 교육의 발전 과정을 보면 민족의 우수한 교육전통을 발양하여 제반 교육 개혁에서 사람들의 주목을 끄는 성과를 거두었지만 국제화 및 도시화가 가속화되면서 조선족 교육은 새로운 문제에 부딪히고 새로운 도전에 직면했다. 구체적인 문제점들을 짚어보면 아래와 같다.

(1) 조선족 중소학교 급감은 이중언어교육에 대한 시련이다

중국 조선족의 인구분포는 대잡거소집거형식으로 민족 분포가 상대적으로 집중된 지역에 민족 학교가 설립되어 있다. 민족학교는 조선족의 이중언어교육을 실시하는 주요 장소이기에 민족학교의 발전상황은 일정한 정도에서 이중언어교육의 발전상황을 반영할 수 있다. 통계에 따르면 1984년부터 2009년까지 연변의 조선족 중소학교 수는 총체적으로 감소되는 추세를 보였고 소학교규모의 축소는 더욱 뚜렷해졌다. 그 중 소학교는 268개소로부터 31개소로 하락했고 중학교는 75개소로부터 37개소로 하락하였다. 흑룡강성 조선족학교

---

[7] 조선족 교육 현황은 조선족 교육 관련 연구 자료를 참고함.

의 수는 주로 소학교수가 하강추세를 보였고 특히 1988년 이후 하락폭이 비교적 컸으며 중학교의 변화는 평온한 하강추세를 보였다. 요녕성 조선족의 학교 수 변화 추세는 흑룡강성과 비슷하다. 소학교 수는 줄고 중학교 수는 안정된 편이다. 총적으로 동북 3 성의 조선족학교 수량은 해마다 하락추세를 보이고 있는데 그 중 소학교의 하락추세가 뚜렷하다. 조선족 소학교와 중학교의 급감은 이중언어 교육의 큰 난관이다. 기존 조선족의 이중언어 교육은 적지 않은 실적을 거두었는데 입시교육 위주의 교육 배경에서 학교 철수 및 통합, 학생 감소, 교사 유실, 이중언어 커리큘럼 등 현시점에 여러 가지 문제점에 부딪치고 있다.

(2) 한 부모 가족, 아동가장留守儿童 등으로 인한 교육 문제가 사회문제로 발전하고 있다.

　조선족 가정의 부모가 쌍방 혹은 일방이 국외 혹은 국내 타지에서 근무하거나 부모의 이혼으로 인해 많은 한 부모 가정과 아동가장이 생겼다. 전국 조선족학교에서 한 부모 가정과 아동가장의 비례수는 이미 보편적으로 50%를 초과하고 있으며 어떤 학교는 심지어 80% 이상을 초과하고 있다. 가정교육의 결핍은 학생들의 학업, 심리, 품성 방면의 문제를 야기한다. 한 부모 가족과 아동가장 문제는 동북 조선족 사회와 교육이 부딪친 가장 심각한 문제라고 해도 과언이 아니다.

(3) 전통적인 거주지에서 학생이 민족교육을 받을 기회가 제한되어 있다.

　조선족 인구 분포 및 구조 변화에 따라 조선족 학교 학생수가 급감하여 그에 따른 조선족 초등학교가 급감되고 있으며 많은 현·시 市에 초·중·고교가 1~2개씩 밖에 남아 있지 않기 때문에 학생들의 취학 난이도가 높아지고 비용도 더 든다. 점점 많은 학부모들이 한족학교를 선택하게 되면서 민족 교육을 받을 기회가 제한되어 있다. 마찬가지로 대도시 조선족 집거지에는 조선족 학교가 설립되어 있지 않기에 민족 교육을 받을 기회가 제한되어 있다.

(4) 조선족학생들의 모어사용 하락 상황이 심각하다.

조선족 교육을 바라볼 때 조선족 학생들의 언어 환경과 언어 사용 상황에 대해서 파악해야 한다. 이는 조선족 민족 교육과 이중언어 교육 효과를 평가하는 기준이기도 하다. 텔레비전 프로그램, 영화, 서적, 웹사이트, 노래 등에 관한 사용언어에 대한 설문조사 결과, 연길시 조선족 학생들은 일상생활에서 조선어 방송과 잡지에서 조선어를 접하는 것으로 나타났다. 하지만 기타 지역의 70% 이상의 학생들은 한국어와 중국어 방송, 텔레비전 프로그램, 영화, 웹사이트, 노래를 선호했다. 조선어 방송과 잡지는 한국어나 중국어 프로그램에 비해 시사성과 취미성, 다원성 그리고 개성화 된 내용이 부족해 상대적으로 학생들의 흥미를 끌지 못한다.

(5) 민족교육에 효과적인 교재가 결핍하다

민족교육에 필요한 교재를 편찬하기 위하여 1975년 7월에 동북 3성 조선어문교과서협의소조를 설립하였다. 그러다가 1985년 7월 국가교육위원회의 비준을 거쳐 전국 첫 교재심사기구인 전국조선족교재심사위원회를 설립하고 1989년 연변교육출판사를 동북조선민족교육출판사로 개칭했다. 중소학교의 조선어문과목은 민족의 언어와 문화를 직접적으로 전수하는 가장 좋은 방식이고 수단이다. 그러므로 조선어문 교재의 내용 체계와 지식구조는 성장기 청소년들의 민족문화교육과 융합이 되어야 한다. 하지만 현재 조선어문교재는 민족문화내용이 적을 뿐만 아니라 과문의 내용도 학생들의 흥취와 감성적인 인식을 유발하기에 부족하다.[8]

3) 북경에서의 조선족교육 현황

북경에는 현재 조선족 학교교육 체계를 형성하지 못했다. 민영 조선족학교인 장백학교가 잠깐 존재하였었는데 현재는 폐교된 상태다. 북경에서 조선족 학교 교육이 규모를 형성하지 못한 주요 원인은 아래와 같은 몇 가지로 정리해 볼 수 있다. 대부분 조선족 자녀들이 북경 호구가 아니라는 제한을 받고 있기 때문에 학교 교육을 받고 난 후에도 북경에서 대학 진학이 어렵다. 호구의 제한으로 자유롭게 학교 교육을 받을 수 없으며 조선족 학교 교육은 더욱 상상하기 어렵다. 조선족 학교가 있다고 하더라도 교육자원이나 기타 여러 면에서 기존의 한족학교와 경쟁하기 어렵고 진학을 목표로 하는 학생들에게 있어서는 학교 교육의 질을 가장 우선시하기 마련이다.

북경에서 태어난 조선족 아이들은 대부분 조선어를 구사할 수 없기 때문에 이중언어 교육은 불가능하며 민족언어의 상실은 민족 전통 교육의 상실로 이어지고 있다. 도시 조선족 학생들의 민족언어 교육을 위해 민간단체에서 "정음 한글학교"와 같은 학교를 설립하여 주말 시간을 이용하여 조선족 아이들에게 민족 언어와 민족 문화

---

[8] 蔡美花, 延边朝鲜族中小学教育现状调查研究, 东疆学刊, 2004.

를 가르치고 있어서 그나마 부족함을 채워주고 있지만 모집 규모가 제한되어 있어 조선족 교육이 직면한 전반적인 문제를 해결하기엔 아직 부족하다.

3. 조선족 언어 사용 현황

중국에 있는 조선족은 대부분 조선어를 제1언어 즉 모어로 하고 한어를 제2 언어로 하는 이중언어 또는 다언어사용자다.

해방 전 조선족은 일본제국주의가 동북을 통치하는 14년 기간에 일제 동화 정책의 억압 속에서 가족 내부에서 본민족어를 사용하였고 일본어, 한어, 조선어를 겸용하는 다언어생활을 하였다. 사회생활에서는 일본어를 사용하고 한족과의 교류에는 한어를 사용하였다.

해방 후 한어는 여러 민족 간의 교제에서 가장 보편적으로 사용되는 언어로 조선족 언어생활에서 제2언어로 자리 잡게 되었으며 기본적으로 조선족 사회는 조선어-한어 이중언어생활을 영위하였다.

거주지역 및 거주환경에 따라 조선어와 한어에 대한 구사 능력과 사용 상황이 다르게 나타난다. 조선족은 기본적으로 한족과 잡거를 하지만, 조선족 거주지역의 분포로 보면 대략 집거·잡거·산거 세 형태가 있다. 지역 총인구수에서 조선족이 차지하는 비율을 의거로 조선족 거주지 별 언어사용 상황을 살펴보았다.

1) 집거지역

조선족 집거지역은 연변조선족자치주, 장백조선족자치현과 동북

3성 각지의 조선족자치향 및 조선족촌을 말한다. 이 지역의 조선족은 지역 전체 인구의 10% 이상을 차지한다. 집거지역의 조선족들은 본민족 언어문화 교육을 받으며 사회생활에서 한족과 자주 접촉하기 때문에 대부분 조선어와 한어를 능숙하게 구사할 수 있다. 거주형태 별 조선족 언어 사용 상황은 언어학자들의 관심을 받았으며 언어 사용 실태에 대한 사회언어학적 조사 연구를 그 예로 들수 있다. 金德模의 "길림성 연길시延吉市 연길방직공장 제1차간 조한이중언어 상황"(1984), "길림성 연길시 연변통용기계공장 간부의 조한이중언어 상황"(1985), "1992년 두 공장에 대한 후속 조사", "연변조선족자치주 조한이중언어 상황 조사"(1990) 등이다. 그 외에 廉光虎는 "연길시 20가구 40세이하 가정주부의 언어사용상황 통계"(1990), "연변모 단지 노점판매인 100명 샘플 조사"(1992), "흑룡강성 계동현鸡东县 명덕향明德乡 조선족향 언어 사용 실태 조사"(1991) 등 가정주부, 노점 판매인 등 제보자를 확대시켜 이중언어 사용실태 조사를 진행하였다.

   조선족 집거지역에 대해 언어사용실태를 조사한 결과, 가정에서 조선어를 주로 사용하지만 최근 몇 년 동안 한어를 사용하는 사람이 늘고 있는 것으로 나타났다. 뿐만 아니라 아이들의 한어수준이 크게 제고되였다는 것은 주목해야 할 바이다. 생활수준이 높아지면서 아이들이 텔레비전이나 인터넷을 볼 기회가 많아져 학교나 유치원에서 배우지 못하는 한어 어휘를 익힐 수 있기 때문이다.

2) 잡거지역

   잡거지역은 조선족과 한족이 섞여 사는 곳을 가리킨다. 연변조선족자치주, 장백조선족자치현, 조선족자치향 등 민족집거지방을 제외한 동북 3성의 대부분 조선족의 거주지역은 잡거지역이다. 잡거지역의 조선족 인구는 이 지역 인구의 1~10%를 차지한다. 잡거지역의 조선족 인구는 적지만 조선족 문화관, 조선족 학교, 조선족 상점 등 본민족의 말과 글을 쓸 수 있는 곳이 많다.

잡거지역 조선족의 언어 사용 실태에 대한 조사와 연구도 진행이 되었는데 예를 들면 朴钟浩 등의 "할빈시 조선족 조선어 사용 실태 조사"(1985), "길림성 길림시, 통화시通化市, 반석시, 서란현舒兰县의 샘플 조사"(1983), "요녕성 무순抚顺과 청령铁岭지구 조선족 소학교 1학년 학생 설문조사"(1980), 郑景谚의 "길림성과 흑룡강성 가족 언어 사용 상황"(1988)등 조사와 연구들이다.

조사를 통하여 본 잡거지역 조선족들의 연령 별 언어사용상황은 노인들이 조선어와 한어를 장악하고 있지만 조선어 수준이 한어 수준보다 뚜렷하게 높으며 일상생활에서 조선어를 많이 사용하고 있다. 중년들은 노인들보다 한어 수준이 높은 편이고 조선어 수준과 큰 차이가 없다. 청년들의 절대다수는 한어에 능숙하고 조선어에 능하지 못하며 적지 않은 젊은이들이 조선어를 구사하지 못하고 있다. 유아와 소년은 청년에 비해서도 조선어 구사 능력이 떨어지며 전반적으로 볼 때 조선어를 자주 사용하는 사람은 조선족 총 인구에서 약 30~50%정도다. 잡거지역 중 조선족이 상대적으로 많은 지역의 언어 사용 상황은 집거지역과 비슷한 양상을 보였다.

3) 분산거주지역

동북 3성 외의 기타 지역은 조선족 분산거주지역에 속한다. 이런 지역의 조선족인구가 차지하는 비율은 매우 적은데 1%가 안되는 경우가 많다. 이 지역 조선족들은 특별한 경우, 예를 들면 가정과 민족 모임과 같은 경우에 조선어와 한어를 혼용하며 그 외 일상생활에서는 대부분이 한어를 주요 교류언어로 사용한다. 산재지역의 조선족 자녀들은 민족 언어 교육을 제대로 받지 못해 3대에 이르러 언어를 옮겨 쓰는 현상 즉 전용이 나타났다. 연령 별로 조사한 결과, 40대 이상의 사람들은 기본적으로 조선어와 한어 두 언어를 장악하고 있으며, 30대에서 40대 사이의 사람들도 두 가지 언어를 구사할 수 있지만 조선어 실력의 차이가 있다. 그들은 대부분 조선어를 잘 장악하지 못하거나 아예 못하는 사람들이 비교적 많다. 20대 이하 2, 3세들은 조선어를 거의 구사할 수 없다.

도시에 이주해서 형성된 조선족의 거주 형태도 집거, 잡거, 산거 세 가지 유형으로 나뉘는데, 예를 들면 북경 조선족은 왕징望京을 중심으로 한 집거 지역, 하북성河北省 연교燕郊 집거지역을 형성하였고 그 외 순이구나 통주구通州区에서는 잡거 지역을 형성하였고 그 외 지역에서는 산거형태로 거주하고 있다. 부동한 거주형태에 따라 언어사용에서 부동한 특징을 나타내고 있다. 집거지역의 조선족들은 조선어를 보편적으로 더욱 많이 사용하는 한편 잡거나 산거 지역의 조선족은 한어를 더욱 자주 사용하게 된다.

4. 조선족 코드 스위칭 유형

1) 조선어와 한어의 관계

본문에서 말하는 조선어는 중국 조선족이 사용하는 언어문자를 가리키지만 조선어와 한어의 관계는 조선족이 있은 후 비로소 시작된 것이 아니다. 일찍 상고시기 상고한어와 조선어는 밀접한 관계를 가지고 있었다.

삼국시기 한어가 조선어에 가져다준 영향을 보면 조선한자음의 형성, 이두9)의 출현, 이두자10)의 출현, 한어 어휘 차용 등이다. 언어 사이의 접촉에 의한 영향은 상호적인 것이지만 조선어와 한어 이중언어 접촉에서 한어가 조선어에 대한 영향이 더 크다는 것을 알 수 있다.

중고시기 한어가 조선어에 대한 영향은 주로 조한문 혼용 서사체계11)의 확립, 한자음의 규범화, 운서의 발행, 한어 어휘의 차용 등을 꼽을 수 있다.

근대 한어가 조선어에 대한 영향은 주로 다음과 같은 몇 개 방면에서 표현된다. 첫째, 서문을 기초로 하는 조선어와 한어의 이중언어현상이 계속 존속된다. 둘째는 새 한자어의 차용으로 조선어 어휘를 더 풍부하게 하고 새로운 어휘가 나타날 수 있는 기반이 되었지만 다른 한 면으로는 한자어의 차용으로 고유어의 사용 범위를 축소시켰으며 조선어 형태소가 한자어휘의 제약으로 동음이의어가 많이 나타나게 되었다. 셋째, 한자어가 고유어를 대체하여 계급방언의 산생과 발전을 추진하였다.

현대 한어가 조선어에 대한 영향은 음성에 대한 영향, 어휘에 대한 영향, 문법에 대한 영향으로 나눌 수 있다. 해방 이래 조선어는 줄곧 한어의 영향을 받았는데 이는 중국 조선족이 처한 객관조건에 의해 결정된 것이다. 중국어의 영향력은 시기마다 조금씩 달랐는데

---

9) 한자의 음과 뜻을 사용하여 고유의 조선어를 기록하는 서사 체계.
10) 한자의 구조적 특점을 이용하여 조선어를 표기할 수 있도록 지은 글자.
11) 조선민족의 문자에 한문, 이두문, 조선문 3가지 형식이 병존하는 상황이 나타남.

1945~1958, 조선어 자체의 발전 법칙에 따라 중국어의 여러 가지 유용한 성분을 흡수 받았고, 1958~1976년, 중국어를 수동적으로 받아들이게 되었으며 이로하여 조선어 자체의 특징과 어울리지 않는 중국어 언어요소를 받아들이게 되었다. 1976년 이후 조선어는 자체 발전의 내적 법칙에 따라 합리적으로 중국어의 여러 가지 성분을 흡수 활용하게 되었다. 이중언어 현상을 인정하고 받아들이는 사람들이 늘어나고 이런 인식을 기반으로 보다 높은 차원에서 중국어의 영향을 긍정적으로 인정하고 받아들이게 되었다.

개혁개방 후 조선족의 한어수준이 보편적으로 현저히 제고되면서 사람들은 보편적으로 조한朝汉 두 언어의 중요성을 인식하였고 이런 인식을 기반으로 조선족의 생활에서 조한이중언어는 균형적으로 발전하게 되었다. 언어 성분의 차용에서 어휘의 차용이 가장 큰 비율을 차지하는 것은 일반적인 법칙이다. 차용어는 차용형식에 따라 차음어借音词, 음역어, 반차음반음역어, 의역어, 반음역반의역 등으로 나뉘며 일반적으로 차용된 어휘는 일반어휘, 전문어휘 그리고 숙어 등이다.

2) 조선어12)와 조선어13) 및 한국어

중국 조선족의 조선어는 조선민주주의공화국의 조선어와 한국의 한국어와 밀접한 관계를 가지고 있으며 조선어의 발전 또한 이 두 언어의 영향을 떠날 수 없다. 조선족의 조선어 규범체계 설립 초기

---

12) 중국 조선족이 사용하는 조선어.
13) 조선민주주의공화국에서 사용하는 조선어.

에 국정 및 의식형태 등 여러 가지 원인으로 한국어의 영향을 거의 받지 않고 기본적으로 조선의 언어 규범을 따랐다. 어휘 사용에서는 조선에서 출판된 《조선어소사전》(1954)과 후에 출판된 《조선어사전》(1962)에 의거하였고 철자법은 《조선어철자법》(1954)을 따랐다. 1977년에 "동북삼성 조선어문 공작협작소조"가 설립되면서 정부의 기획과 지도 하에 처음으로 조선족의 조선어문 네 가지 규범을 제정하였으며 그 후 네 차례의 수정을 거쳐 《조선어규범집》이 나오게 되었다. 네 가지 규범의 제정과 규범집의 출판으로 조선어문의 지위를 확고히 하였으며 조선족의 규범적인 언어 사용과 발전에 이론과 실천의 바탕이 되었다. 중국 조선족의 조선어는 조선의 조선어 및 한국어의 문화어와 표준어와 일맥상통하며 중국의 정치, 경제, 문화의 사회적 환경 속에서 한어의 요소가 가입이 되어 특유의 언어적 특징을 가지게 되었다.

중한 양국의 인적 교류가 활발해 지고 한국의 문화와 상품이 중국에 들어오면서 조선어의 어휘, 어조, 띄어쓰기 등 여러 가지 방면에서 한국어의 영향을 받고 있다. 기존의 조선어 규범도 한국어 규범의 영향을 받고 있는데 심지어 잡지나 신문 그리고 도서에서도 한국어 규범에 따르는 현상이 나타나 언어 사용에서 혼란을 가져오고 있다.

2007년에 재차 수정 출판된 《조선어규범집》에서는 조선어 사용 규범에 대하여 재차 명확히 강조를 하였다. 조선족의 규범은 조선족 언어 사용이라는 현실에서 출발하여 한자어, 전문용어, 신조어 등 어휘체계를 바탕으로 발음법, 철자접, 띄어쓰기 등 규범화를 통해 중국에서 조선어의 위치를 확고히 하고 언어 접촉과 영향 속에서 지속적으로 발전할 수 있는 기반이 된다는데 그 의미가 크다.

3) 조선어 코드 스위칭 유형

조선족의 코드 스위칭은 개인적인 코드 스위칭과 언어그룹 코드 스위칭으로 나뉘어 볼 수 있다. 구체적으로 코드 스위칭의 유형은 화자가 구사할 수 있는 언어 상황에 의해 결정되는 경우가 많은데 조선어와 한어 두 언어만 구사할 수 있는 화자는 조한, 한조 두 가지 코드 스위칭이 발생할 수 있다. 그러나 조선어, 한어, 일본어 세 가지 언어를 구사할 수 있다면 상황은 좀 달라진다. 세 가지 언어를 구사할 수 있는 화자는 아주 다양한 코드 스위칭이 의도적이나 무의식적으로 다양하게 나타날 수 있다. 유형 별 빈도는 차이를 보일 수 있지만 그 존재 자체만으로 언어생활이 다양해지며 연구의 대상이 될 수 있다. 더 나아가 조선어, 한어, 일본어, 영어 등 네 가지 언어를 구사할 수 있는 화자라면 열두 가지 코드 스위칭 변형이 가능할 것으로 추측이 된다. 언어 숙지도 및 숙련도에 따라서 유형 별 빈도차이가 크겠지만 다양한 코드 스위칭의 유형의 존재에 대해서는 부언할 필요가 없다.

개인적인 코드 스위칭 현상은 개인적인 상황에 따라서 다양하고 큰 차이점을 나타내고 있기 때문에 보편적이고 일반화된 연구를 진행하는 것 보다는 특별 대상에 대한 추종 개별 연구를 진행하는 것이 보다 효과적이다. 북경 조선족 언어생활 중의 코드 스위칭 유형 및 그 사용 목적 등에 대해서 연구를 하려면 개인을 연구 대상으로 조사를 진행해야 하겠지만 조선족이라는 단체의 언어 상황 및 코드 스위칭 현상에 초점을 맞추어야 이 언어단체의 일반적이고 보편적인 언어 변이 특징을 고찰해 볼 수 있다고 생각한다. 조선족은 대부분이 이중언어자로 일상 언어생활에서 조선어와 한어의 접촉이 가장 빈번하게 발생하게 되는데 이로 인해 조선족의 가장 기본적인 코드 스위칭 유형은 조한, 한조 코드 스위칭이라고 할 수 있다. 이 역시 언어학자들이 오랫동안 관심을 갖고 관찰하고 연구를 한 부분이다.

한류의 영향 및 한국과의 접촉이 빈번해지면서 한국문화를 오감으로 접촉하게 되었고 문화의 매체 중 하나인 한국어에 대한 접촉도 잦아지게 되었다. 동일한 언어로서 한국어는 조선족들에게 거리감이 조금은 있었지만 점차 익숙해지고 구사할 수 있는 언어로 다가왔다. 중국 조선족이 사용하는 언어는 기본적으로 조선의 조선어 표기법이나 문법을 따랐기 때문에 한국어와는 차이점을 가지고 있었으며 이로 인해 조선족이 한국어를 접하거나 구사를 할 때는 의식적인 판단 선별 및 구사과정이 느껴지는 경우가 많았다. 본 연구에서 조선족들이 한국어에 대한 숙지도 및 숙련도를 고려하여 한국어를 조선어의 변이체로 취급을 하였으며 이로 하여 조선족의 언어생활에 조한汉, 한汉조, 조한韩, 한韩조 네 가지 코드 스위칭이 존재한다고 판단하며 이 유형을 위주로 연구를 진행해 보고자 한다.

조선족의 코드 스위칭은 그 발전 양상을 보면 의사소통을 위한 부득이한 코드 스위칭 즉 저급적인 코드 스위칭에서 언어 구사 능력의 제고와 더불어 의식적인 코드 스위칭 즉 고급적인 코드 스위칭의 발전 단계를 거쳤다. 부동한 단계의 코드 스위칭은 목적, 형식 및 기능 등 여러 면에서 차이점을 보이고 있다. 저급적인 코드 스위칭을 혼합어라고 할 수 있는데 본문에서 제시하는 혼합어는 조선족과 한족이 장기간 집거하는 가운데 빈번한 접촉으로 인한 조한, 한조 두 언어 사이의 상호 영향 및 간섭현상으로 나타나게 되는 언어혼용 현상을 말한다. 이런 현상은 조선족 대표적인 집거지인 연변조선족자치주에서 뚜렷하고 보편적으로 나타나고 또한 조선족 혼합어 생성 및 발전의 대표적인 지역이라고 할 수 있기 때문에 이 지역을 중심으로 조한, 한조 혼합어의 발생 및 발전 과정에 대해서 관찰해 보고자 한다.

　1945년까지, 연변지역에 거주하는 조선족은 한족과의 접촉 및 교류가 지금처럼 빈번하지 않았고 대부분 조선족은 교육 수준이 낮은 편으로 한어를 공부할 수 있는 기회가 별로 없었다. 일상생활에서 한족, 만족 등 주변 민족과 생계유지를 위해서라도 교류를 해야 했지만 언어 구사 능력의 제한으로 몸짓이나 표정으로 교류를 하는 정도에 그쳤으며 혼합어도 구사할 수 없었다.

　1945년부터 50 년대 말, 조선족은 중국 소수민족의 일원으로 자신이 지키고 싸워온 삶의 터전을 가꾸기에 뛰어들었다. 이런 사회적인 배경으로 조선족은 역사의 유례가 없을 정도로 한족과 빈번하게 접촉을 하게 되었으며 따라서 두 언어의 접촉 및 상호 영향의 가능성도 크게 증가하였다. 조선족은 일상생활에서 한어 상용어휘를 많이 접촉하고 받아들이게 되었는데 한어 구사 능력의 제한으로 주요 교류 언어 형식이 여전히 혼합어였다. 이 시기의 혼합어의 특징은 발음이 모호하고 어휘가 결핍하며 문법이 간단하였다. 상용어휘가 몇 십 개밖에 안되었는데 대량의 지시대명사 사용, 몸동작이나 손짓 사용, 일부 어휘의 사용범위 확대, 독특한 단어 제조 등 방법으로 어휘 부족으로 인한 의사소통의 불편함을 해결하려고 노력하였다.

　50 년대부터 현재까지 조선족의 한어 수준이 크게 제고되면서 조선족의 혼합어도 빠른 발전을 가져왔다. 50 년대 말 특유의 역사환경으로 조선족 사회에서 한어를 보편적으로 많이 쓰게 되었고 한족 및 한어와의 접촉 기회가 대대적으로 추가되었으며 이로 인해 조선족의 한어 수준이 현저히 제고되었다. 한어 수준이 높은 사람들의

구사 능력을 보면 한어 구사 중에 가끔 오류 현상이 있지만 거의 표준어에 가까운 수준으로 이 정도의 한어 구사 능력을 가진 사람들은 이미 혼합어에서 벗어나 코드 스위칭 현상을 보였다.

혼합어와 코드 스위칭의 차이점을 보면 혼합어는 단순한 교제를 목적으로 주 기능은 교제기능이다. 하지만 코드 스위칭은 더욱 다양화된 기능을 가지고 있는데 교제 기능을 기반으로 기타 기능들이 추가되었다. 다시 말하면 혼합어는 교제를 위해서 꼭 사용해야 하는 부득이한 단항 선택이지만 코드 스위칭은 교제 수단으로 다양한 목적에 따라 사용할 수 있으며 피동적인 선택이 아니라 능동적인 선택이다.

현재 전 사회적인 언어 환경의 영향과 생활환경 및 패턴의 다양화로 조선족은 더욱 풍부한 언어생활을 영위하게 되었고 혼합어에서 완전히 벗어나 의사소통의 요구에 따라 코드 스위칭을 일상생활에서 빈번히 사용하게 되었다.

언어의 변화는 늘 사회의 변화 속에서 있거나 사회 변화와 동반한다. 혼합어가 코드 스위칭으로 바뀌듯이 코드 스위칭 현상도 사회의 변화와 발전에 따라 새로운 양상을 보이기 마련이다. 조선족 언어 사용 중의 코드 스위칭을 연구 하려면 기존의 코드 스위칭 유형뿐만 아니라 새로 나타난 코드 스위칭 유형에도 관심을 돌려야 한다고 생각한다. 조선족 언어 공동체의 코드 스위칭 유형과 기능에 대해 전반적으로 고찰을 해 보기 위해 기존 연구가 많이 되어 온 조한汉, 한汉조 코드 스위칭뿐만 아니라 조한韩/한韩조 코드 스위칭에 대해서도 분석을 해 보고자 한다.

본 연구에서는 이런 대담한 구상을 해 보며 또한 이를 증명해 보고자 한다. 혼합어라는 저급적인 언어 교제 형태가 코드 스위칭이라는 고급적인 언어 혼용 형태로 발전을 하게 되었고 또 의식적인 것과 무의식적인 혼용이 병존하며 형태 별 차이점을 보이고 있다. 의적인 것과 무의식적인 코드 스위칭은 역시 서로 다른 발전 단계에 처해 있다고 이해할 수 있으며 서로 다른 교제 목적 및 기능을 위해 공존한다.

예를 들면 한어문장《干洗裤子多少钱?》을 조선어 구어체로 표현할 때 두 가지 문장으로 표현할 수 있다. 즉

(1) "이 바지 干洗하는 데 얼마예요?"
(2) "이 바지 드라이하는 데 얼마예요?"

위 두 문장은 모두 코드 스위칭 또는 언어혼용 현상이 존재하는데 첫 번째 문장에서는 조선어 문장에 한어 어휘 "干洗"를 혼용하였고, 두 번째 문장에서는 한국어 외래어 "드라이"이라는 단어를 혼용하였다. 이 두 문장의 화용법을 보면 조선족의 언어생활에서 "干洗"라는 어휘를 "드라이"라는 어휘보다 오래전부터 써 왔고 한국과 접촉하고 한국 문화를 받아들이면서부터 "드라이"라는 단어를 접하게 되고 또 일상생활에서 사용하게 되었다.

화용 대상 별로 관찰해 보면 상대방이 한국어를 구사하는 한국인인 경우 별 고민이 없이 문장 (2)를 사용할 것이다. 하지만 상대방이 조선족일 경우 의식적인 것과 무의식적인 경우를 나누어 볼 수 있는데 무의식적인 경우에는 습관적으로 문장 (1)를 사용하여 의사소통의 기능을 실현한다. 하지만 기타 교제 기능 즉 본인의 신분을 타나내거나 본인의 신분을 감추고 싶은 의도가 있을 경우 문장 (1) 또는 문장 (2)를 사용하게 된다. 의식적인 코드 스위칭과 무의식적인 코

드 스위칭은 조선족 언어생활 속에 공존하며 교제 대상, 교제 환경, 교제 목적 등에 따라서 부동한 형식을 택하게 되는데 그 이면에는 원칙이거나 법칙이 있을 것이며 현재 진행형 변화를 통해 향후 발전 추세를 파악해 볼 수 있다고 생각한다.

제4장
북경 조선족 언어 사용 실태

1. 언어 사용 실태 조사 관련 기본 사항

1) 제보자 및 조사 지점 선정

(1) 제보자

본 연구에서는 북경 조선족의 인구 신원 구성, 직업 상황, 거주 형태 등이 여러 면에서 다양성을 보이고 있기에 어느 정도의 보편성이나 대표성을 가지고 있다는 판단을 기반으로 북경 조선족을 연구 대상 즉 설문 조사 제보자로 선정하였다. 구체적으로 보면 아래와 같다.

- 북경 조선족은 동북3성 및 내몽골자치주에서 북경에 이주하여 거주하거나 정착하게 된 조선족으로 신원 구성이 다양하다.
- 북경 조선족의 직업이 다양성을 가지고 있다. 학생, 정부기관 공무원, 회사 직원, 자유직업인, 소상공인, 무직업자 등 직업 구성이 다양하다.
- 북경 한국인의 인구가 다른 지역에 비해 많은 편으로 인구 신원 구성이 다양하다. 유학생, 회사직원, 공무원, 주재원, 소상공인,

무직업자 등 여러 가지 직업 형태를 가지고 있다.
- 북경 조선족의 거주 형태는 집거, 잡거, 산거 등 세 가지 형태를 가지고 있다. 집거 지역은 조양구 왕징지역과 하북성의 연교지역으로 기타 지역은 잡거하거나 산거하는 형식으로 타민족과 함께 생활을 한다. 조선족의 집거지역인 왕징지역은 한국인이 집거해서 살고 있는 지역이기도 하다.

(2) 조사 지점 선정

구체적으로 아래와 같은 지점에 대해 집중적으로 설문 조사 및 인터뷰 조사를 진행하였다.
- 학교 : 중앙민족대학교조선언어문학학부, 중국농업대학교, 북경제94중학교국제부, 북경어언대학교, 수도사법대학교실험학교 등
- 사업 단위 : 중앙인민방송국, 국제인민방송국, 번역국 등
- 회사 : 한국삼성전자, 한국SK통신회사, 한국LGGNS회사, 북경진광부동산회사, 북경한방한예광고회사 등
- 주택단지 : 왕징신청아파트단지, 남호동원아파트단지, 대통빌딩 부근 조선족마을
- 북경조선족노인협회
- 기타 조선족 근무 현장

(3) 제보자 선정 감안 요소

제보자의 선정은 조사 결과의 신빙성에 직접적인 영향을 미치기 때문에 관련 영향 요소를 충분히 감안하여 선정하여야 한다. 본 연구에서는 아래와 같은 요소를 감안하여 제보자를 선정하고 설문지

를 작성하였다.

- 연령 : 연령은 사회언어학 연구에서 중요한 변이 요소로 작용을 하는 외부요소에 속한다. 본 연구에서 제보자는 대학생 제보자와 일반 제보자로 나눌 수 있는데 대학생은 연령대가 18~23살이며, 일반 제보자는 20~30세, 31~40세, 41~50세, 50세 이상으로 나누어 고찰하였다.
- 성별 : 언어의 성별차이는 언어의 구조형태 또는 사용 상의 차이로 표현되기 때문에 성별 비례는 될수록 평형을 이루도록 하였다.
- 민족 : 조사 대상은 조선족으로 제한한다. 하지만 제보자 가족 민족 구성 상황이 제보자 언어생활에 직접적인 영향을 미치기 때문에 제보자의 가족과 배우자의 민족 상황도 조사 범위에 포함되며 통혼에 대한 태도와 관련된 항목도 조사하였다.
- 직업과 교육 수준 : 직업 및 교육 수준 그리고 가족 소득 상황 등 여러 가지 요소도 언어 변이의 관련 요소로 작용할 수 있다. 라보프 교수는 대도시에서는 사회계급이 언어행동을 구분하는 중요한 기준이지만 계급에 대해서는 완전히 일치된 견해가 부족하기 때문에 직업과 교육 수준, 가정 소득 등의 차이를 언어변이와 관련된 요인으로 보는 습관이 있다고 본다. 본 조사에는 직업과 교육 수준 두 가지 요소를 언어 전환의 관련 요소로 삼았다.
- 거주지, 북경 거주 기간 : 집거, 잡거, 산거 등 거주지 거주 형태와 북경 거주 기간도 언어 사용 영향 요소이기에 조사를 진행하였다.
- 언어수준 : 조선어수준, 한어수준, 한국어수준 등 언어 별 숙련도와 숙지도에 대해서 조사하였고 언어 별 언어 습득 시기, 습득 유형, 습득 방식 등에 대한 조사도 진행하였다.

2) 조사 방법

본 연구에서는 설문조사와 인터뷰조사 방법으로 수집한 데이터와 관련 사회적 요소와의 관련성을 분석하였다. 제보자와 조사 환경에 따라 일대일 설문조사와 단체 설문조사 방식을 결합하였고 조사 수요에 따라 대면조사 방법과 인터넷조사 방법을 겸용하였다.

중앙민족대학 조선어문문학학부 학생, 북경제94 중학교 국제부 교사, 북경 조선족 노인 협회 소속 노인 등 세 그룹에 대하여 단체 설문 조사 방식을 채택하였다. 제보자들이 학습과정이나 업무 과정 혹은 같은 그룹에 소속되어 같은 행사에 참여하는 등 그룹이라는 특징은 단체 설문 조사를 진행할 수 있는 객관적인 조건을 마련해 주었다. 또한 단체 설문 조사 시 조사 제보자의 학력 수준에 큰 차이가 있어서는 안된다는 요구에도 부합된다. 중앙민족대학 조선어문문학학부학생과 북경제 94중학교 국제부 교사는 제보자들이 학력 차이가 별로 없었고 노인 협회 소속 노인들은 학력 차이를 보였으나 설문 조사 전 충분한 해석과 설명을 통해 학력 차이의 영향을 최소화하였다. 세 그룹에 대한 단체 설문 조사로 효율적인 설문 작성을 완성할 수 있었고 설문지의 유효성을 최대한 높일 수 있었다.

중국농업대학의 조선족학생, 수도사범대학부속실험학교국제부 교사, 아파트 주민, 자영업 조선족 등 제보자에 대해서는 거주지 및 직장이 분산되어 있고 나이, 학력 등 여러 가지 기본 상황의 차이를 감안해 일대일 대면조사를 진행하였다.

정부와 회사 직원에 대해서는 비대면 인터넷조사 방법을 채용했는데 그 이유는 아래와 같은 몇 가지를 감안해서다.

첫째, 정부와 회사에서 일하는 제보자는 상대적으로 학력 수준이 높으므로 스스로 설문지 문항과 선택항에 대해 이해를 할 수 있다. 둘째, 단위나 회사 근무 환경을 감안해서다. 근무 시간에 방문을 해서 설문 조사를 받기 불편할 뿐더러 조사 제보자의 근무에 영향을 줄 수 있기 때문에 대면조사보다 인터넷조사가 더 가능성이 높고 효과적이다. 단 인터넷조사는 설문조사에 관련된 주의사항과 소요 시간을 명확하게 제시해 주고 소셜 네트워킹 서비스를 통해 설문지 작성 시 소통과 질의응답을 진행하는 방식을 취하였다. 온라인 조사 방법의 효용성은 대면조사와 비교할 수는 없지만 효율성이 높고 대면조사를 하기 어려운 제보자를 조사할 수 있다는 우점이 있다.

본 연구에서는 200여부의 설문조사를 진행하였고 양적 및 질적 분석을 통해 조선족 언어사용 중 코드 스위칭의 유형, 특징, 빈도 등을 밝히고 조선족의 언어 사용 현황에서 출발하여 언어 변이 현상을 분석하며 미시적과 거시적인 측면에서 조선어 코드 스위칭의 존속 및 발전 법칙에 방점을 두었다.

3) 조사 관련 사회적 요소

- 교제 환경 : 교제 환경은 언어 변이와 밀접히 연관되는 사회적요소다. 일반적으로 공식적인 자리와 비공식적인 자리로 나누며 설문 중 공식적인 장소에는 회사, 직장 등 사업 환경이 포함되고, 비공식장소에는 가정, 공중 장소 등이 포함되었다.
- 교제 대상 : 교제대상도 화자의 언어변이에 영향주는 중요한 요소다. 부동한 교제 대상에 따라 차별화된 언어변이 형태를 사용하는 경우가 종종 있다. 설문 중 교제대상은 친소 관계와 민족 두 가지 요소를 감안하여 친소 관계에 따라서 가족, 고향 지인,

현지 친구, 동료, 모르는 사람 등으로 구분하였고 민족에 따라서 한족과 대화 시, 조선족과 대화 시, 한국인과 대화 시 등 여러 가지 교제 대상을 구분하여 조사 분석을 진행하였다.

- 교제 화제 : 교제 화제 역시 언어의 변이에 영향주는 중요한 요소다. 부동한 화제에 따라 이중화자는 부동한 언어 또는 코드 스위칭을 사용하게 된다. 화제는 일반적으로 크게 정식적인 혹은 공식적인 화제와 비정식적인 또는 비공식적인 화제로 나눌 수 있는데 직장에서 업무에 관련된 화제나 수업 중 발표, 회의 발표 등은 정식적인 화제에 속하고 친구와의 생활 이야기나 가족과의 일상적인 교류 등은 비정식적인 화제에 속한다. 설문에서는 화제가 코드 스위칭에 대한 영향을 충분히 감안하여 분류 조사하였다.

- 교제 목적 : 교제 목적이 다름에 따라 언어 선택도 다르게 된다. 어떤 이중 또는 삼중언어자가 일정한 교제 목적을 달성하기 위해 의식적으로 언어 형태를 선별하여 사용하는 것은 코드 스위칭 연구에서 아주 중요한 부분이다. 구체적인 목적과 언어 형태 사이의 연관성을 살펴보고 그 선택이 의식적인지 무의식적인지도 살펴보고자 한다.

- 언어 전환에 대한 태도 : 앞에서 언급했다시피 조선족의 언어생활에는 여러 가지 유형의 코드 스위칭 유형이 존재한다. 이런 유형에 대한 인지 및 태도를 조사하기 위해 설문에서 "찬성, 반대, 괜찮다"라는 세 가지 설문을 설정하였다. 언어 태도는 언어 발전과 연관이 되어 있기에 유형 별 코드 스위칭에 대한 태도 분석을 통해 그 발전 추세를 예측해 볼 수 있다.

4) 제보자 기본 현황

본 연구에서 북경 조선족에 대해 설문조사를 통하여 252부의 유효 설문지를 회수하였다. 설문지 조사를 통하여 현재 북경 조선족의 기본적인 언어생활과 코드 스위칭에 대한 데이터를 수집하였다.

〈표 2〉 기본 상황 (단위 : 명)

성별	인수	연령	인수	지역	인수	직업	인수	학력	인수
여	127	18~2세	117	흑룡강	70	학생	117	대졸	192
남	125	24~3세	45	길림	110	공무원	20	고졸	47
		31~40세	30	요녕	64	교직원	21	중졸	13
		41~50세	30	내몽골	8	사영업자	20	이하	0
		50세 이상	30			회사원	54		
						임시직	15		
						기타	5		
인수	252		252		252		252		252

〈표 2〉에서 볼 수 있다시피 본 조사에서 제보자의 남녀 비율은 거의 일대일에 가깝다. 제보자 중 학생수가 좀 많은 편으로 거의 반정도가 학생이다. 연령 별로 보면 학생을 제외한 일반인 중 20대, 30대, 40대, 50대 및 이상이 각 30명으로 전체 제보자의 각 11%를 차지한다. 제보자 출신 지역은 동북3성과 내몽골자치구 네 개 지역으로 길림성이 43%로 제일 많고 내몽골자치구가 3%로 제일 적다. 직업 별로 보면 가장 많은 학생을 제외하고 순차적으로 회사원, 교직원, 공무원, 사영업자 등이다. 북경 지역의 조선족은 장시간을 거쳐 북경에 이주하여 정착되었거나 정착 중이며 대부분 고졸 이상의 학력을 소지하고 있고 고정적인 직장이 있으며 학교, 직장 및 가정생

활에서 조선어를 사용하고 동시에 한어와 한국어의 영향을 많이 받아 일상생활에서 이중언어 또는 삼중언어생활을 영위하고 있는 것으로 나타났다.

2. 제보자 혼인 태도

통혼과 언어 사용은 일정한 관계를 가지고 있다. 가족 성원의 민족 구성이 단일한 가족과 가족 성원 중 타민족이 있는 가족의 언어생활은 서로 다른 특징을 보이고 있다. 본문에서는 조선족과 타민족 간의 통혼 상황 및 통혼에 대한 태도 조사를 통하여 혼인 상황이 언어생활에 대한 영향을 분석하였다.

1) 통혼 현황

북경 조선족 가족의 통혼 현황을 조사하기 위해 설문지에 조선족과 타민족 통혼 및 조선족과 한국인 통혼에 대한 설문 내용을 설치하였다. 그 외에 제보자 본인 통혼 상황 유무에 대한 조사도 진행하였다. 설문지에서 가족 성원 중 타민족과 통혼한 성원의 유무에 대한 조사 중 "있다"와 "없다"는 81명과 171명으로 전체 제보자의 32%와 68%를 차지한다. 본 조사에서 "가족 성원"에 대하여 구체적인 정의를 내리지 않았는데 친척관계면 가족성원이라고 이해할 수 있다. 결과적으로 보면 거의 1/3에 달하는 제보자의 가족 성원이 통혼 현상이 존재하였고 민족 별로 보면 아주 소부분이 만족이나 몽고족 등 소수민족과 통혼을 한 외 대부분은 한족과 통혼을 하였다. 타민족과의 통혼은 가정생활에서 자연스럽게 타민족 언어를 접할 수 있는 기회가 많아지게 되고 특히 조선족의 한어 수준의 제고 및 조한汉, 한汉조 코드 스위칭을 위한 언어적 및 화용적 기반을 마련해 주었다.

가족 성원 중 한국인과의 통혼 상황 조사에서 "있다"와 "없다"는 106명과 146명으로 전체 제보자의 각각 42%와 58%를 차지한다. 한국인과의 통혼 비율은 중국 내 타민족 통혼 비율보다 10%나 높은 것으로 나타났다.

한국과의 접촉이 잦아지면서 한국인과의 통혼도 대폭적으로 늘어났으며 관련 조사에 의하면 1990에서 2002년까지 한국인과의 통혼이 급증한 것으로 나타났다.

한국인과의 통혼은 생활 속에서 한국어를 접촉하고 한국어를 구사할 수 있는 기회를 제공하였으며 조한韩/한韩조 코드 스위칭을 위해 언어와 화용적 측면에서 가능성을 제공하였다.

〈표 3〉 중국 여성과 한국 남성 통혼 통계(1990-2002)

년도(년)	통혼수(건)	년도(년)	통혼수(건)
1990	88	1997	7,362
1991	106	1998	4,688
1992	429	1999	2,883
1993	1,851	2000	3,586
1994	2,043	2001	7,001
1995	8,450	2002	7,041
1996	9,271	합계	54,799

2) 통혼에 대한 태도

통혼에 대한 태도는 본인의 경우와 가족인 경우를 나누어 조사를 진행하였다. 두 가지 경우로 나누어 살핀 이유는 사람들이 본인인 경우와 타인인 경우 통혼에 대한 용인도에서 차이를 보였는데 타인의 통혼에 대해서는 이해를 하고 용인할 수 있다고 표하였지만 본인의 경우면 좀 더 신중하고 보수적인 경향을 보였다. 그리고 통혼 대상 별 국내 타민족과의 통혼과 한국인과의 통혼으로 나누어 조사를 진행하였다. 본인의 경우 통혼에 대한 태도 제보자는 미혼자에 한하였다.

제보자 252명 중 기혼자는 105명으로 그 중 한족과 통혼한 제보자는 12명이고 한족 외 타민족과 통혼한 제보자는 7명이다. 미혼자 147명에 대해 "본인과 국내 타민족과의 통혼에 대해서 어떻게 생각합니까?"라는 내용을 조사한 결과 "동의한다"를 선택한 제보자가 12명으로 8%를 차지하고 "상관이 없다"를 선택한 제보자가 56명으로 38%를 차지하였으며 "동의하지 않는다"를 선택한 제보자가 67명으로 45%를 차지하였으며 12명 즉 8%가 "답할 수 없다"를 선택하였다. 통계 숫자에서 알 수 있다시피 "상관이 없다"와 "동의한다" 이 두 문항을 선택한 제보자는 타민족과의 통혼에 대해서 비교적 너그럽고 긍정적인 태도를 가지고 있으며 이 문항의 선택자를 합하면 46%에 달하는 데 이는 "반대한다"의 45%와 비슷하다. 총적으로 조선족이 타민족과의 통혼에 대해 찬성 반 반대 반으로 전통적인 혼인관을 가지고 있던 부모세대보다는 보다 오픈된 혼인관을 가지고 있었다.

대학생의 혼인관을 별도로 살펴보았는데 대학생의 혼인관은 금후 조선족 사회의 혼인관의 전체적인 흐름을 일부분 반영할 수 있다고 생각한다. 117명 제보자 중 "동의한다", "상관이 없다", "반대한다", "답할 수 없다"네 문항을 선택한 제보자는 각각 14명, 46명, 44명,

13명으로 11%, 39%, 37%, 11%를 차지하는데 긍정적인 태도를 가지고 있는 제보자는 50%였고 37%가 반대를 하였는데 이는 전체 제보자의 조사 결과에 비해 긍정적인 제보자 비율이 좀 더 높은 편으로 향후 조선족의 혼인관이 보다 오픈 될 가능성을 추측해 볼 수 있다.

"본인과 한국인과의 통혼에 대해서 어떻게 생각합니까?"라는 질문에 대해 "동의한다", "상관이 없다", "반대한다", "답할 수 없다" 네 문항을 선택한 제보자는 각각 11명, 55명, 67명, 14명으로 8%, 37%, 45%, 10%를 차지하는데 이는 국내 타민족과의 통혼에 대한 태도와 비슷한 상황이며 외국이지만 같은 민족이라는 이유로 더 오픈된 혼인관을 보일 것 같았던 예측과는 다른 결과를 보여주었다. 구체적인 인터뷰를 통해서 파악한 데 의하면 조선족과 한국인은 같은 민족이지만 오랫동안 서로 다른 체제의 국가에서 생활하면서 민족 동질감이 약화되었다. 조선족은 중국 국민으로서의 가치관과 문화적 특징을 가지게 되었으며 생활방식과 사유방식 등 여러면에서도 한국인과의 동질감이 그렇게 높은 편은 아니었다.

"조선족과 국내 타민족과의 통혼에 대해서 어떻게 생각합니까?"라는 질문에 대해 "제창해야 한다", "존중해야 한다", "받아들일 수 있다", "상관 없다", "받아들일 수 없다", "답할 수 없다" 등 문항을 선택한 제보자는 각각 15명, 78명, 86명, 31명, 33명, 9명으로 비례로 보면 5%, 31%, 34%, 13%, 14%, 3%를 차지하는데 "받아들일 수 없다"를 제외한 문항은 정도의 차이가 있겠지만 모두 긍정적인 태도로 볼 수 있으며 210명 즉 83%가 타민족과의 통혼에 대해 긍정적인 태도를 가지고 있음을 알 수 있다. 이는 위의 본인의 경우인 46%에 비해 훨씬 높은 긍정적인 편향을 보였는데 객관적인 혼인관은 보편적으로 주관적인 혼인관에 비해 더욱 오픈된 경향을 보인다. 객관적인 혼인관은 점차적으로 주관적인 혼인관에 영향을 주게 될 것이며 이로부터 조선족의 주관적인 통혼관은 좀 더 개방적인 방향으로 발전할 것으로 예상해 볼 수 있다.

"조선족과 한국인과의 통혼에 대해서 어떻게 생각합니까?"라는 질문에 대해 "제창해야 한다", "존중해야 한다", "받아들일 수 있다", "상관 없다", "받아들일 수 없다", "답할 수 없다" 등 문항을 선택한 제보자는 각각 12명, 65명, 94명, 45명, 18명, 18명으로 비례 수는 4%, 26%, 38%, 18%, 7%, 7%이다. 긍정적인 태도를 가지고 있는 제보자는 216명으로 86%를 차지하는데 이는 국내 타민족과의 통혼 태도에 비해 긍정적인 비율이 3% 높은 것으로 나타났고 반대 태도를 가지고 있는 비율이 5% 낮은 것으로 나타났으며 대답이 어렵다고 선택한 제보자가 4% 높았다. 이 세 숫자의 비교를 통해서 본인의 경우 타민족과 한국인과의 통혼에 대해 별 차이를 보이지 않았지만 타인의 경우 즉 객관적인 혼인관에서는 한국인에 대해 국내 타민족보다 좀 더 너그러운 태도를 보여주었다. 이는 언어와 문화가 같은 동일한 민족이라는 요소가 작용을 했을 거라고 추측한다.

조선족의 통혼에 대한 태도를 총적으로 분석해 보면 국내 타민족 및 한국인과의 통혼 현상이 보편적으로 존재하며 한국인과의 통혼 현상이 좀 더 많은 편이다. 조선족 젊은 세대의 주관적 및 객관적인 혼인관은 모두 윗세대에 비해 개방적인 추세를 보이고 있다. 이는 향후 조선족의 혼인 선택에서 타민족이나 외국인과의 혼인 선택이 추가할 것이며 이런 혼인 상황 및 태도가 언어생활에 직간접적인 영향을 미칠 것으로 추측한다.

3. 북경 조선족 언어 현황

북경 조선족 언어 현황 부분에서는 조선족의 언어 구사 능력, 언어 습득 방식 및 배경, 다중언어 구사 상황 등 언어생활의 다방면을 살펴보았다. 총 18개 문항을 통해서 다섯 개 부분을 조사 분석해 보았다.

1) 언어 습득 현황

언어 습득 시기는 언어 구사 능력 및 언어 화용에 직접적인 영향을 미치기 때문에 우선적으로 "어릴 때부터 배워서 습득하게 된 언어는 어떤 것이 있습니까"라는 질문을 통해서 기본적인 언어 습득 상황을 조사하였다. 조선어, 한국어, 한어방언[1], 표준어, 기타 등 다섯 가지 언어를 문항으로 하였는데 선택 상황을 보면 각각 204명, 5명, 29명, 59명, 23명이며 비율은 81%, 2%, 12%, 23%, 9%다. 다중언어 선택 상황을 보면 35명이 두 가지 언어를 선택하였고 5명이 세 가지 언어를 선택하였다. 두 가지 혹은 세 가지 언어를 선택한 사람은 어려서부터 이중언어 또는 삼중언어 사용자임을 알 수 있고 다중언어 습득자가 총 제보자의 15.9%를 차지한다. 구체적으로 살펴보면 이중언어를 선택한 35명 중 조선어와 한어방언을 선택한 자가 15명이고 조선어와 표준어를 선택한 사람이 20명으로 주로 본인이 구사하는 한어가 방언인지 표준어인지에 대한 판단에서 선택이 헷갈렸다. 한어방언은 주로 동북 방언으로 표준어와 의사소통에 영향 줄 만큼의 큰 차이를 보이지 않기에 한어방언을 선택하든 표준어를 선

---

[1] 한어방언은 동북지역 한어방언에 한함.

택하든 조선어와 한어 이중언어 사용자로 판단할 수 있다. 그 외 삼중언어 선택자 5명 중 3명은 조선어, 한어방언, 표준어 세 가지 언어를 선택하였는데 그 이유는 한어방언과 표준어는 큰 차이가 없다는 것이다. 그리고 2명은 조선어, 한국어, 한어방언을 선택하였는데 한국어가 조선어와 같은 언어로 큰 차이가 없고 본인이 구사하는 조선어가 곧 한국어라는 것이 그 이유다. 총적으로 조선족의 대부분은 어렸을 때부터 조선어를 제1일언어 즉 모어로 습득하고 사용하였으며 한어와 같은 경우는 학교에서 혹은 사회생활에서 점차 습득하게 된 경우가 많다.

〈표 4〉 언어 습득 현황

종류수	언어	인수(명)	비율	합계(명)
세 가지	조선어, 한어방언, 표준어	3	1%	5명, 2%
	조선어, 한어방언, 한국어	2	1%	
두 가지	조선어, 한어방언	15	6%	35명, 14%
	조선어, 표준어	20	8%	
한 가지	조선어	164	65%	212명, 84%
	한국어	3	1%	
	한어방언	9	4%	
	표준어	36	14%	

〈표 4〉에서 알 수 있다시피 84%의 제보자가 한 가지 언어를 제1언어로 선택하였고 14%의 제보자가 두 가지 언어를 제1언어로 선택하였으며 2%의 제보자가 세 가지 언어를 제1언어로 선택하였다. 16%가 학교 교육을 받기 전에 이미 이중언어를 구하사고 있음을 할

수 있다. 이중언어 사용은 코드 스위칭을 위한 언어적인 기반이다. 한 가지 언어를 제1언어로 선택한 84% 중 65%가 조선어를 제1언어로 선택하고 18%가 한어를 제1언어로 선택하였다. 조선어를 구사할 수 없는 18% 중 일부분은 학교 교육을 통해서 조선어를 습득할 수 있기에 조선어 습득자가 추가될 가능성이 있다. 이 부분은 습득 방식 부분에서 구체적으로 논술할 것이다.

2) 언어 습득 배경

언의 습득 배경을 보면 보통 크게 두 가지로 나누어 볼 수 있는데 한 가지는 일상생활 중에서의 자연적인 습득과 언어 학습 과정을 통한 학습 습득이다. 모어는 보통 가정에서 자연 습득으로 이루어지며 제2언어나 제3언어는 학습을 통해서 이루어지는 경우가 많다. 조선족의 언어 습득 배경도 어릴 때 가족과의 교류 중 습득하는 경우와 학교 교육을 통해 습득하는 두 가지 경우를 나누어 살펴 보았다. 가정에서 부모님과의 교류에서 사용하는 언어에 대한 조사는 제보자를 어머니(또는 여성 보호자)와 아버지(또는 남성 보호자)로 나누어 살펴보았다. 문항은 "조선어", "한국어", "한어방언", "표준어", "기타"등 다섯 가지 언어를 설정하였는데 제보자가 아버지(또는 남성 보호자)일 경우 위 다섯 가지 언어의 선택자는 각각 200명, 5명, 26명, 56명, 0명으로 79%, 2%, 10%, 22%, 0%를 차지한다. 제보자가 어머니(또는 여성 보호자)일 경우 위 다섯 문항 선택자는 각각 212명, 5명, 20명, 41명, 0명으로 84%, 2%, 8%, 16%,0%를 차지한다.

〈표 5〉 언어 습득 배경

언어 종류	아버지와 대화	합계	어머니와 대화	합계
조선어, 한어방언, 표준어	2명(0.67%)	3명 (1%)	2명(0.67%)	3명 (1%)
조선어, 한국어, 한어방언	1명(0.33%)		1명(0.33%)	
조선어, 한어방언	12명(5%)	30명 (12%)	7명(3%)	23명 (84%)
조선어, 표준어	15명(6%)		10명(4%)	
한어방언, 표준어	3명(1%)		3명(1%)	
조선어	170명(67%)	219명 (86%)	192명(76%)	229명 (91%)
한국어	4명(1%)		4명(1%)	
한어방언	9명(4%)		7명(3%)	
표준어	36명(14%)		26명(10%)	

〈표 5〉에서 알 수 있다시피 어릴 때 가정에서 아버지 혹은 어머니와의 대화에서 사용하는 언어는 거의 비슷한 경향을 나타내고 있는데 한 가지 언어를 교제 언어로 사용하는 제보자가 각각 86%와 91%이며 두 가지 언어를 사용하는 제보자는 각각 12%와 15%이며 세 가지 언어를 사용하는 제보자는 1%밖에 안된다. 차이점을 보면 어머니와의 교류에서 아버지와의 교류보다 조선어를 유일한 교제 언어로 사용하는 제보자가 9% 많은 것으로 나타났으며 반대로 한어를 사용하는 자는 15% 적은 것으로 나타났다. 아버지와의 교류에서 두 가지 언어를 교제 언어로 사용하는 제보자는 어머니와의 교류보다 4%가 많은 것으로 그만큼 코드 스위칭이 일어날 가능성이 많은 것으로 추측된다. 아버지와의 교류에서 어머니와의 교류보다 이중언어를 더 많이 사용하는 이유는 화제와 언어 수준에 연관성이 있다고 본다. 일반적으로 어머니와는 더욱 생활적이고 사적이며 일상적인 화제를 많이 다루기 때문에 가장 익숙하고 화자의 감정이나 느낌을 잘 나타낼

수 있는 모어 즉 조선어로 교류를 하게 된다. 아버지와의 교류에서는 사회적이거나 직장관련 등 화제를 다루게 되는데 아버지는 상대적으로 사회적인 생활을 많이 하는 편으로 중국어 수준이 어머니보다 높으며 조선어 혹은 한어를 이중적으로 사용하게 된다. 가정에서 부모님과 교류할 때 80% 좌우가 조선어를 사용한다는 것은 조선족의 가족 언어생활에서 조선어가 주요 교제 언어임을 할 수 있다.

학교 교육을 통해 습득하는 경우는 구체적으로 초등학교, 중학교, 고등학교, 대학교 등 네 개 단계로 나누어 부동한 교육 단계에서의 교육이 조선어 습득과 조선어 사용 습관에 대한 영향을 살펴보았다.

〈표 6〉 학교 교학 용 언어 사용 상황 (단위 : 명)

언어/단계	초등학교	중학교	고등학교	대학교
조선어	234	222	209	151
한국어	3	5	8	81
한어방언	20	18	25	20
표준어	154	174	194	219
기타	3	18	20	23
위 상황 없음	0	0	13	35

〈표 6〉에서 알 수 있다시피 조선족의 학교 언어생활을 보면 학년이 높아질수록 접촉 및 사용하는 언어 종류가 많아지고 조선어의 사용이 점차 줄어들며 한국어와 표준어의 사용자가 늘어나고 있음을 알 수 있다.

제보자의 학년이 높아지고 대학교에 진학하면서 한국인과 접촉하고 한국문화를 받아들이게 되었고 이로 인해 한국어에 대한 이해 및 사용이 전에 비해 대폭 증가하게 되었다. 한어방언의 사용은 큰 변화를 보이지 않았다. 조선족이 학교에서 배우거나 사회에서 접하는 동북 한어방언은 표준어에 가까운 언어로 한어의 습득은 주로 학교에서 한어 과목 수업을 통해서 이루어지기에 한어 표준어를 배웠다고 할 수 있으며 이로 인해 동북을 떠나 외지에 가서 대학교를 다녀도 표준어 사용으로 인해 방언사용이 급격히 떨어지는 현상을 보이지 않았다. 반면 표준어 사용이 대폭 증가하는 현상이 나타났는데 조선족의 한어 습득 방식과 습득 시기와 연관이 있다. 조선족 학생들은 보통 초등학교 2학년부터 한어 수업을 하기 시작하는데 초등학교 단계에서 한어는 주로 수업시간에 사용하는 언어로서 일상생활에서는 거의 사용하지 않는다. 학년이 높아지면서 진학 수요에 따라 한어 복습 자료를 많이 사용하게 되며 이로 인해 한어를 접할 수 있는 기회가 많아지고 한어 사용 빈도도 높아진다. 고등학교일 경우 언어 수업 외 기타 과목은 거의 한어로 된 자료로 수업을 하게 되며 한어 사용이 대폭 증가하게 된다. 그리고 중학교부터 일본어나 영어 같은 외국어 수업이 시작되므로 기타 언어 사용이 점차 나타나게 된다. 본 연구의 조사 시점으로 조선족학교의 언어 사용 상황을 살펴보면 기본적으로 조선어와 한어 이중언어로 교학을 진행하고 있으며 한어 수업 외 모두 조선어로 수업을 하게 되며 교재 역시 한어 교재 외 모두 조선어문으로 된 교재를 사용하고 있다. 조선족의 이중언어 교육 환경은 조선족 단체 이중언어 그룹의 형성에 직접적인 역할을 하고 있다고 해도 과언의 아니다.

3) 언어 능력

조선족의 사용 가능한 언어 사용 실태를 조사하기 위해 "현재 어떤 언어로 타인과 교류할 수 있습니까"라는 설문을 진행하였다. 문

⟨표 7⟩ 구사 가능 언어 현황

수량	구사 가능 언어 종류	인수	비례	총수와 비례
다섯개	조선어, 한국어, 한어방언, 표준어, 기타	25명	9%	25명, 9%
네개	조선어, 한국어, 한어방언, 표준어	12명	5%	38명, 16%
	조선어, 한국어, 한어방언, 기타	7명	3%	
	조선어, 한국어, 표준어, 기타	15명	6%	
	조선어, 한어방언, 표준어, 기타	3명	2%	
	한국어, 한어방언, 표준어, 기타	1명	0%	
세개	조선어, 한국어, 표준어,	42명	17%	92명, 37%
	조선어, 한국어, 한어방언,	20명	7%	
	조선어, 한어방언, 표준어,	9명	4%	
	조선어, 표준어, 기타	12명	5%	
	조선어, 한어방언, 기타	6명	3%	
	한국어, 한어방언, 표준어	2명	1%	
	한국어, 표준어, 기타	1명	0%	
	한국어, 한어방언, 기타	0명	0%	
두개	조선어, 표준어	47명	18%	79명, 31%
	조선어, 한어방언	28명	11%	
	한국어, 표준어	1명	2%	
	한국어, 한어방언	1명		
	표준어, 기타	1명		
	한어방언, 기타	1명		
한개	표준어	15명	5%	18명, 7%
	한어방언	3명	2%	
총 인수				252명

항에는 조선어, 한국어, 한어방언, 표준어, 기타 등 언어들이 포함되어 있고 선택은 다항선택이다. 위 문항의 언어를 교류 언어로 선택한 제보자는 각각 232명, 140명, 63명, 227명, 72명으로 92%, 55%, 25%, 90%, 28%를 차지하였다.

〈표 7〉에서 보면 9%의 제보자가 다섯 가지 언어 사용 가능, 16%가 네 가지 언어 사용 가능, 37%가 세 가지 언어 사용 가능, 31%가 두 가지 언어 사용 가능으로 통계되었는데 이는 조선족의 93%가 이중 또는 다중언어 사용자임을 알 수 있다. 90%의 제보자가 조선어가 구사 가능하다고 선택을 하였는데 그 중 47%는 조선어와 한국어를 모두 구사할 수 있다고 선택하였다. 한국어 구사가 가능하다고 판단한 47% 중 일부분은 한국 회사에서 근무하고 있는 회사원으로 직장에서 한국인과 자주 접촉할 수 있는 기회가 있다. 또 일부분은 북경에서 1년 이상 거주한 거주자로 서비스업에 종사하고 있으며 한국인이 주요 고객으로 한국인과 자주 만날 수 있다. 그 외 일부분은 나이가 어린 제보자로 한류 영향을 받아 한국 문화를 좋아하여 한국어를 많이 접하게 되었다. 제보자 중 5명(2%)이 조선어를 선택하지 않고 한국어만 또는 한국어와 기타 언어를 구사할 수 있다고 선택을 하였는데 그 이유에 대해 구체적인 조사를 한 결과 조선어와 한국어는 같은 언어로 본인이 구사하는 조선어가 곧 한국어이기에 한국어만 선택하였다고 해석하였다. 74%의 제보자가 구사 가능 언어 중 표준어를 선택하였고 48%가 현지 방언을 선택하였다. 표준어와 현지 방언은 한어의 서로 다른 변이체로 모든 조선족이 한어를 구사 가능 언어로 선택하였다. 조선어와 한국어를 한 언어의 두 가지 변이체로 보고 표준어와 한어방언 역시 한 언어의 두 가지 변이체로 볼 때 조선족은 조선어와 한어 이중언어 구사 가능자가

92%로 충분한 코드 스위칭 언어 능력 및 가능성을 가지고 있음을 알 수 있다.

4) 언어 습득 방식

언어 습득 방식은 여러 가지가 있는데 습득방식이 언어 능력에 주는 영향을 감안하여 조선족이 구사 가능한 언어 별 습득 방식에 대하여 구체적으로 조사를 진행하였다.

조선어의 습득 방식에 대해서는 "어릴 때 가족들한테서 자연스럽게 배웠다", "입학 전 주변 사람들한테서 배웠다", "학교에서 배웠다", "사회생활을 하면서 배웠다", "조선어 과외 학원에서 배웠다", "기타 방식을 통해 배웠다", "이런 상황이 없다" 등 일곱 개 질문 내용을 설정하여 일상생활 중에 자연스럽게 익힌 경우와 학교나 학원 등에서 학습을 통해 익힌 주로 두 가지 경우를 구분해 봤다.

기존 조사에 의하면 제보자 중 226명이 조선어를 구사할 수 있다고 하였는데 위 설문 내용의 선택자는 각각 210명, 20명, 88명, 30명, 0명, 5명, 26명으로 총 제보자의 83%, 7%, 34%, 11%, 0%, 1%, 10%를 차지하며 조선어 구사 가능한 제보자의 92%, 8%, 38%, 13%, 0%, 2%, 11%를 차지한다. 거의 대부분 제보자는 어릴 때 가족들과 함께 있으면서 조선어를 습득하게 되었고 동시에 거의 40%에 가까운 제보자가 학교 교육을 통해서 조선어를 배우게 되었으며 11%가 사회생활을 하면서 배우게 되었다. 자율 학습이나 기타 방식을 통해서 배운 제보자는 아주 소부분이고 학원 공부를 통해서 배운 제보자는 없는 것으로 나타났다. 조선어는 조선족의 모어로 가족 습득이 기본적이며 기타 학교 교육이나 사회 습득은 부차적인 것으로 나타났는데 이는 언어 능력 양성에 아주 적극적인 영향을 미칠 것이다. 일상생활에서 가족들과의 소통을 통해서 습득한 언어가 듣기, 말하기 등 여러 면에서 기타 방식을 통해서 습득한 언어에 비해 더욱 높은 언어 구사 능력을 구비하고 있다.

 한국어 습득 방식에 대해서는 "어릴 때 가족들한테서 자연스럽게 배웠다", "한국인과 접촉하면서 배웠다", "한국에서 배웠다", "한국 드라마를 보면서 배웠다", "한국 과외 학원에서 배웠다", "기타 방식을 통해 배웠다", "이런 상황이 없다" 등 여덟 개 질문 내용을 설정하여 조사를 진행하였다. 제보자 중 127명이 한국어가 구사 가능하다고 하였는데 위 설문 내용에 대한 선택자는 각각 15명, 99명, 13명, 106명, 24명, 3명, 9명, 125명이고 이는 총 제보자의 5%, 39%, 5%, 42%, 9%, 1%, 3%, 49%를 차지하며 한국어 구사 가능 제보자의 11%, 77%, 10%, 42%, 9%,2%,3%를 차지한다. "어릴 때 가족들한테서 자연스럽게 배웠다"라는 문항을 선택한 제보자의 이유는 조선어와 한국어가 큰 구별이 없기에 본인이 구사하는 한국어는 가족들한테서 어릴 때 배웠다는 판단을 하였다. 한국어 습득 방식 중 한국인과 접촉 중 배운 경우와 한국 드라마를 보면서 배웠다는 두 가지 방식이 가장 많다. 연령 별로 구분을 해 보면 30대 이상 성인들은 대부분 한국인과의 접촉 과정에 한국어를 접하게 된 반면 나이가 어린 대학생인 경우는 한국 드라마나 예능프로그램을 통해서 한국어를 접하게 된 경우가 대부분이었다. 한국어 과외 학원을 통해서 배운 경우는 아주 적은 소부분이지만 조선족들이 한국어학원을 통해 한국어를 습득하는 경우가 추가세를 보였다. 조선어와 한국어는 같은 언어지만 지역 방언적 차이 및 기타 사회적 요소에 의한 차이점을 나타내고 있다. 때문에 차이점에 입각한 보다 원활한 한국어 소통을 위해서 조선어 구사 가능한 조선족들이 학원에서 한국어를 배우는 경우가 종종 나타났다.

한어방언의 습득은 "어릴 때 가족들한테서 자연스럽게 배웠다", "입학 전 주변 사람들한테서 배웠다", "학교에서 배웠다", "사회생활을 하면서 배웠다", "기타 방식을 통해 배웠다", "이런 상황이 없다" 등 여섯 개 질문 내용을 설정하여 조사를 하였는데 위 설문 내용에 대한 선택자는 각 각 75명, 44명, 58명, 70명, 10명, 17명, 131명이고 이는 총 제보자의 29%, 17%, 23%, 27%, 3%, 6%, 52%를 차지하며 한어방언 구사 가능한 121명 제보자의 61%, 36%, 47%, 57%, 8%, 14%를 차지한다. 61%의 제보자가 어릴 때 가족들한테서 자연스럽게 배웠다고 하였는데 이는 조선족 가족의 일상용어가 이중언어임을 증명해 주고 있다. 그리고 36%가 입학 전 주변 사람들한테서 배우게 되며, 57%가 사회생활을 하면서 배웠다고 하는데 이는 조선족의 언어생활 환경이 단일한 조선어가 아니고 한어와 충분한 접촉 속에서 생활하고 있음을 알 수 있다. 그리고 47%가 학교 교육을 통해서 습득하게 되었다고 하는데 이는 한어 선생님의 발음이나 어휘가 표준어보다는 방언에 가깝다는 이유로 이런 선택을 하게 되었다. 위의 조사를 통해 조선족은 가족, 사회, 학교 등 여러 가지 장소에서 한어를 접하고 습득할 수 있는 기회가 있으며 이는 조선족의 전반 한어 습득에 유리한 조건이라고 할 수 있다.

표준어 습득 방식도 "어릴 때 가족들한테서 자연스럽게 배웠다", "입학 전 주변 사람들한테서 배웠다", "학교에서 배웠다", "사회생활을 하면서 배웠다", "기타 방식을 통해 배웠다", "이런 상황이 없다" 등 여섯 개 질문 내용을 설정하여 조사를 하였는데 위 설문 내용에 대한 선택자는 각각 69명, 35명, 116명, 60명, 11명, 65명이고 이는 총 제보자의 27%, 13%, 46%, 23%, 4%, 25%를 차지하며 표준어 구사 가능한 187명 제보자의 36%, 18%, 62%, 32%, 5%, 34%를 차지한다. 62%의 제보자가 학교에서 표준어를 습득하였고 집과 사회에서 습득한 경우가 36%와 32%이다. 표준어 역시 학교, 가정, 사회 등 여러 환경에서 습득할 수 있으며 한어방언에 비해 학교에서의 교육이 주요 습득 방식으로 나타났다. 그리고 기타 방식으로 습득한 경우 한어방언에 비해 훨씬 높은 32%를 차지하고 있는데 이는 생활수준의 제고 및 인터넷의 발달과 더불어 매체를 통해 한어를 접할 기회가 많아지고 이 또한 한어를 습득하고 능력을 향상하는 좋은 계기가 되었다. 80년대 이후에 출생한 조선족이 전반적으로 윗세대보다 한어 수준이 현저히 제고되었음을 알 수 있는데 이는 사회적으로 한어 습득 기회의 다양화와 밀접한 연관을 가지고 있다.

5) 언어 별 구사 능력

이 부분에서는 조선족이 구사 가능한 언어 별 능력에 대해서 조사를 해 보았다. 언어 능력을 평가할 때 숙련도와 숙지도 두 가지 기준으로 평가를 해 보았다. 이중언어 숙련도proficiency와 숙지도familiarity에 관한 개념에 의하면 이중언어의 숙련도는 언어 표현 능력에 대한 평가로서 해석학적 번역이론의 "주동언어主动语言"와 맞먹으며 숙지도는 언어 이해 능력에 대한 평가로서 해석학적 번역이론의 "피동언어被动语言"와 맞먹는다. 제2언어 습득자는 이중언어의 숙련도 및 숙지도에 따라 불평형성이중언어사용자unbalanced bilingual와 평형성이중언어사용자balanced bilingual로 구분을 할 수 있다. 두 종류의 이중언어사용사는 언어 사용, 대뇌에서의 언어 저장 방식에서 현저한 차이점을 보이고 있다. 심리언어학에서 이중언어 사용자의 정보처리 과정에 대한 실험은 두 가지 결과가 나왔는데 이중언어 사용자의 언어 정보는 동일한 의미 체계를 가지고 있으며 동일한 저장 시스템을 가지고 있다는 결과가 있는 반면 다른 결과는 서로 다른 의미 체계와 서로 다른 저장 시스템을 가지고 있다는 결과였다. 이런 실험 결과는 불평형성이중언어사용자와 평형성이중언어사용자의 특징과 어울린다. 불평형성이중언어사용자는 제2언어 습득 과정 중 두 가지 언어의 의미 및 언어 형식이 서로 대응되어 전환할 수 있도록 의미 체계가 구축되어 있으며 동일한 저장 구역을 가지고 있다고 할 수 있다. 하여 두 가지 언어를 동시에 교차적으로 사용할 경우 습관적으로 대응되는 같거나 비슷한 단어 등 언어 표현 형식에 대해 의미보다 더 관심을 가진다. 평형성이중언어사용자는 두 가지 언어가 서로 다른 정보 처리 시스템과 의미 저장 메모리를 가지고 있기 때문에 두 가지 언어의 사용에서 간섭이 적으며 영향을 적게 받는다. 보통 어릴 때 가정에서 습득한 이중언어는 평형성이중언어에 속하며 학교 교육을 통해 습득하거나 성인이 된 후 사회생활을 통해 습득한 경우는 불평형성이중언어에 속하는 경우가 많다. 이중언어사용자로서의 조선족이 평형성인지 불평형성인지에 대해서 알아보기 위해 구사 가능한 조선어, 조문, 한국어, 한글, 표준어, 한문 등 여러 언어와 문자들에 대한 숙련도와 숙지도를 조사하였다.

언어 수준은 듣기와 말하기 두 부분으로 나누어 조사하였는데 듣기는 능력 별로 "완전히 알아들을 수 있다", "기본적으로 알아들을 수 있다", "일상적인 대화는 알아들을 수 있다", "간단한 대화를 알아들을 수 있다", "전혀 알아들을 수 없다" 다섯 개 레벨로 나누었고, 말하기는 능력 별로 "숙련하게 대화를 할 수 있다", "기본적인 대화를 할 수 있다", "일상적인 대화를 할 수 있다", "간단한 대화만 할 수 있다", "대화를 할 수 없다" 등 다섯 개 레벨로 나누어서 살펴보았다. 문자 능력에 대해서도 읽기와 쓰기 두 부분으로 나누어 조사하였는데 읽기는 능력 별 "책이나 뉴스를 볼 수 있다", "간단한 편지나 문장을 읽을 수 있다", "메모나 간단한 내용을 읽을 수 있다", "문자를 읽을 수 없다" 등 네 개 레벨로 나누었고, 쓰기에 대해서도 능력 별로 "문장이나 글을 창작할 수 있다", "편지나 간단한 문장을 쓸 수 있다", "메모나 간단한 내용을 쓸 수 있다", "문자를 쓸 수 없다" 등 네 개 레벨로 나누어 조사를 진행하였다.

〈표 8〉과 〈표 9〉에서 볼 수 있다시피 북경 조선족의 조선어 듣기, 말하기, 읽기, 쓰기 실력이 비교적 높은 것으로 나타났는데 높은 레벨인 완전히 알아듣거나 기본적으로 알아들을 수 있는 제보자를 합치면 90%에 달하고 숙련하게 대화를 하거나 기본적으로 대화를 할

〈표 8〉 언어 별 구사 능력 (%)

	수준	조선어	한국어	한어
듣기	완전히 알아들을 수 있다	188/75	72/29	207/83
	기본적으로 알아들을 수 있다	37/15	130/52	38/15
	일상적인 대화는 알아들을 수 있다	3/1	18/7	4/1
	간단한 대화를 알아들을 수 있다	4/2	12/5	3/1
	전혀 알아들을 수 없다	20/7	20/7	0
말하기	숙련하게 대화를 할 수 있다	177/71	62/25	173/69
	기본적인 대화를 할 수 있다	47/18	116/47	72/29
	일상적인 대화를 할 수 있다	5/3	30/12	3/1
	간단한 대화만 할 수 있다	3/1	19/7	4/1
	대화를 할 수 없다	20/7	25/9	0

⟨표 9⟩ 문자 별 구사 능력 (%)

	수준	조선어	한국어	한어
읽기	책이나 뉴스를 볼 수 있다	218/87	189/75	235/94
	간단한 편지나 문장을 읽을 수 있다	10/4	26/10	10/4
	메모나 간단한 내용을 읽을 수 있다	4/2	12/5	3/1
	문자를 읽을 수 없다	20/7	25/10	4/1
쓰기	문장이나 글을 창작할 수 있다	198/79	158/63	211/84
	편지나 간단한 문장을 쓸 수 있다	25/11	55/21	34/14
	메모나 간단한 내용을 쓸 수 있다	9/3	14/6	3/1
	문자를 쓸 수 없다	20/7	25/10	4/1

수 있는 제보자가 89%에 달했다. 문자 수준을 보면 책이나 뉴스를 볼 수 있는 제보자와 편지나 문장을 읽을 수 있는 제보자가 합쳐서 91%에 달하며, 문장이나 글을 창작할 수 있거나 편지나 간단한 문장을 쓸 수 있는 정도의 제보자는 90%에 달하는데 평균적으로 듣기와 읽기 같은 숙지도에 관련된 수준도 높지만 말하기와 쓰기와 같은 숙련도에 관련된 수준도 아주 높은 것으로 나타났다.

제보자 중 3%가 조선어 수준이 낮은 편으로 일상적인 대화나 간단한 대화를 알아들을 수 있는 정도고 4%가 일상적인 대화나 간단한 대화만 할 수 있는 정도다. 문자 수준은 간단한 메모를 읽을 수 있는 정도가 2%고 간단한 메모를 쓸 수 있는 정도가 3%이다. 언어와 문자 수준이 비슷한 결과를 나타내고 있다. 이들은 어려서부터 한족학교에 다니면서 조선어 교육을 받지 못했고 가족에서 조선어를 접한 정도로 문법이나 어휘의 체계성을 갖추지 못하고 있으며 특히 경어법의 활용법에 대해 미숙하였다. 제보자 중 7%는 조선어를 완전히 구사할 수 없는 수준으로 이들은 한족과 잡거를 하며 주변 친구나 사회적으로 접촉할 수 있는 언어 환경이 한어 환경이고 한족 학교에 다녔기 때문에 학교에서도 조선어를 배울 기회가 없었다. 가족들 간 교류도 한어로 하고 있기 때문에 조선어에서 한어로 전용을 하는 현상이 나타났다.

한국어 수준은 조선어 비해 조금 낮은 편으로 높은 레벨인 완전히 알아듣거나 기본적으로 알아들을 수 있는 제보자를 합치면 81%에 달하고 숙련하게 대화를 하거나 기본적으로 대화를 할 수 있는 제보자가 72%에 달했다. 문자 수준을 보면 책이나 뉴스를 볼 수 있거나 편지나 문장을 읽을 수 있는 제보자가 합쳐서 85%에 달하며, 문장이나 글을 창작할 수 있거나 편지나 간단한 문장을 쓸 수 있는 정도의 제보자는 84%에 달하였다. 조선어와 네 가지 언어 능력에서 수준 별로 모두 차이점을 보였는데 주요 원인을 살펴보면 50대 이상의 제보자로 인한 것으로 이들은 젊은 사람들에 비해 한국 드라마나 한국 문화를 통해 한국어를 습득하려는 적극성이 높지 않았다. 하지만 한국어를 자주 접촉하기 때문에 활용면에서의 적극성은 높지 않지만 듣기 능력이 말하기 능력에 비해 높은 현상을 나타내고 있다. 제보자에 의하면 한국어가 읽고 쓰기 면에서는 조선어와 큰 차이가 있다고 느끼지 않지만 말하기와 듣기에서는 한국어에 외래어가 대량 존재하기 때문에 의사소통에 어려움을 느끼며, 한국어가 듣기에는 큰 문제가 없지만 말하기는 조선어와 어음 어조의 차이가 크기 때문에 제대로 구사하려면 어렵다고 하였다.

한어 수준은 아주 높은 편으로 높은 레벨인 완전히 알아듣거나 기본적으로 알아들을 수 있는 제보자를 합치면 98%에 달하고 숙련하게 대화를 하거나 기본적으로 대화를 할 수 있는 제보자도

98%에 달했다. 문자 수준을 보면 책이나 뉴스를 볼 수 있거나 편지나 문장을 읽을 수 있는 제보자가 합쳐서 98%에 달하며, 문장이나 글을 창작할 수 있거나 편지나 간단한 문장을 쓸 수 있는 정도의 제보자도 98%에 달하였다. 한어 수준이 낮은 2%는 연세가 많은 제보자로 조선족 집거지역에서 생활하여 왔고 한족과 접촉이 적으며 북경에 와서 생활하면서 한어를 접촉할 수 있는 기회가 추가되긴 하였지만 기본적인 언어 상황은 크게 변하지 않았다. 한어 수준이 낮지만 알아듣지 못하거나 말을 전혀 할 수 없는 제보자는 한명도 없었고, 문자를 알아 볼 수 없거나 쓸 수 없는 제보자는 1% 존재하였다.

4. 북경 조선족 언어 사용 실태

사회언어학적인 시각에서 보면 언어 사용 실태는 주로 언제 어디에서 누구와 어떻게 대화를 진행하는가를 관찰하게 된다. 북경 조선족 언어 사용 실태를 살펴보려면 가족 내 언어 사용 상황, 직장 내 언어 사용 상황, 모임에서 언어 사용 상황, 초면일 경우 언어 사용 상황, 취미 생활에서의 언어 사용 상황 등 부동한 언어 장면에서의 실태에 대하여 살펴봐야 한다.

1) 가족 내 언어 사용 현황

가족 내 언어 사용 상황은 언어 사용 단체의 가장 기본적이고 자연적인 언어 사용 실태로서 언어 단체의 언어 상황을 고찰함에 있어서 가장 먼저 그리고 기본적으로 조사되어야 할 부분이다. 가족 내에서 사용하는 언어는 그 민족언어의 존속에 직접적인 영향을 끼치며 한 언어가 한 민족의 민족어로 존재하는 근거지라고 해도 과언이 아니다. 민족어가 가족 내에서도 사용되지 않고 또 그런 현상에 대해 관심을 일으키지 않을 경우 그 민족어는 점차 민족어로서의 지위를 잃어가고 있다고 판단할 수 있다. 조선어도 마찬가지다. 만약 조선족 가족 내에서 가족 성원사이에 조선어를 사용하는 상황이 줄어들고 있거나 사용하지 않고 있을 경우 문제의 심각성을 인식하고 해결책을 찾아야 할 것이다. 현재 북경에서 생활하는 조선족 가족 내의 한어 사용 현상이 현저히 증가되고 있으며 이로 인해 젊은 세대나 어린 아이들은 점차 조선어를 모어로 숙지하거나 사용을 할 수 없게 되었다.

가족 내 언어 사용 현황을 조사하기 위해 "조선어", "한국어", "한어방언", "표준어", "기타" 등 다섯 가지 언어를 설문 내용으로 다항 선택으로 설정하였다. 제보자가 위 설문 내용을 선택한 인원수는 각각 207명, 15명, 35명, 134명, 3명으로 비율을 보면 82%, 6%, 14%, 53%, 1%를 차지하는데 가족과 소통 시 주로 사용하는 언어는 조선어이고 제보자의 절반 정도가 한어도 가족 간 소통 언어로 사용되고 있었다. 가족 내 교류 시 조선어와 한어 이중언어가 주요 교류 언어로 통계되었는데 이로부터 두 언어 간 코드 스위칭도 충분히 일어날 거라는 추측을 해 본다.

2) 직장 내 언어 사용 현황

직장에서의 언어 사용 상황은 가족 간 언어 사용 다음으로 중요한 부분으로 시간적으로 가장 오래 머물러 있는 직장에서 어떤 언어를 사용하는지 조사를 해 볼 필요가 있다. 직장에서의 언어 사용 상황은 부동한 교제 대상과 교제 환경을 나누어 조사를 하였는데 구체적으로 "조선족 동료와 교류할 때", "기타 민족이 옆에 있는 경우 조선족 동료와 교류할 때", "한국 동료와 교류할 때", "기타 민족이 옆에 있을 경우 한국 동료와 교류할 때"등 네 가지 경우로 조사를 진행하였다.

〈표 10〉 직장 내 언어 사용 상황 (%)

교제 상황		조선어	한국어	한어방언	표준어	기타
조선족 동료	타민족 없음	90/70	14/10	8/6	82/64	2/1
	타민족 있음	74/57	8/6	6/4	90/70	1/0
한국 동료	타민족 없음	20/27	47/63	1/0	10/13	2/2
	타민족 있음	17/22	43/58	1/0	28/37	3/4

위 네 가지 경우는 조선족과 한국인 동료가 있는 제보자에만 한해서 조사를 진행하였는데 총 제보자 중 조선족 동료가 있는 제보자는 128명이고 한국인 동료가 있는 제보자는 74명이다. 조사 데이터를 분석해 보면 조선족 동료와 직장에서 교류할 때 조선어와 한어[2]를 사용하는 비율은 모두 70%로 비슷하다. 조선족 동료끼리 교류할 때도 한어를 많이 사용하고 있는 결과는 조금 의외적이지만 다른 한편으로 조선족의 직장 환경이 한어를 많이 사용하는 환경임을 추측 할 수 있다. 타민족이 옆에 있는 경우는 조선어의 사용 비율이 57%로 줄고 한어 사용이 74%로 늘어난다. 이는 교제 장소에서 제3자가 있을 때 제3

---

[2] 본 설문항 조사에서는 한어방언과 표준어를 한어로 통괄.

자의 오해를 피하고 불편함을 최소화하기 위한 교제의 예의원칙에 따라 될수록 모두 알아들을 수 있는 언어를 사용하고자 하는 교제의도가 역할을 하였음을 알 수 있다. 한국인 동료와 교류할 때 63%가 한국어, 조선어와 한국어를 통괄하여 감안하면 90%가 같은 민족 언어를 사용하고 13%가 한국인 동료와 표준어를 사용한다고 하였는데 이는 한국인이 표준어가 가능해야 함을 전제로 한다. 기타를 선택한 경우는 영어를 사용한다고 하였다. 기타 민족이 옆에 있을 경우, 조선어와 한국어를 사용하는 제보자는 80%로 타민족이 옆에 없을 때보다 10% 줄어들었으며 한어나 기타 언어 등의 사용자가 늘어났다. 조선족 동료와 교류하거나 한국인 동료와 교류 할 때 공동점은 타민족 동료가 옆에 없으면 될수록 의사소통에 편리한 언어를 사용하였고 타민족 동료가 옆에 있을 경우는 교제 원칙에 따라 상대방을 고려하여 언어 선택을 하였다. 그리고 추가로 설명을 하자면 한국인 동료와 조선어로 소통하는 제보자는 한국어 구사가 어려워서 조선어로만 소통을 할 수 있다는 판단에 이런 선택을 하였다고 하였다.

3) 모임 장소 언어 사용 현황

부동한 모임 장소와 모임 상대에 따라 어떤 언어를 어떻게 사용하는지 조사를 해 보기 위해 "본민족과의 모임 장소"와 "타민족과의 모임 장소" 두 가지 모임 장소를 구별하여 조사를 해 보았다.

본민족과의 모임 장소에서 88%가 조선어를 사용하였는데 연령별로 보면 40세 이상인 경우 모든 제보자는 조선어로 소통을 하였고 직업 별로 보면 한국인과 접촉할 기회가 별로 없는 직장에서는 조선어로 소통을 하였고 한국인과 접촉할 기회가 많은 외자기업이나 합

〈표 11〉 모임 장소 별 언어 사용 상황

언어/상황	본민족과의 모임 장소	타민족과의 모임 장소
조선어	222/88%	179/71%
한국어	20/7%	20/7%
한어방언	18/7%	13/5%
표준어	129/51%	194/76%
기타	2/0%	1/0%

자기업 직원은 한국어를 사용하기도 하였다. 한국인이 대화 장소에 없는 경우 조선족 사이에 소통할 때 한국어를 사용하면 반감적인 정서나 거리감을 느낄 수 있기 때문에 특수한 교제 목적 하에 조한, 한조 코드 스위칭을 사용하는 경우를 제외하고는 일상 교류에서 가끔 한국어 어휘를 사용하였고 코드 스위칭 빈도가 아주 낮았다. 본민족과의 모임 장소에서 58%가 한어로 소통을 하였고 다른 민족과의 모임 장소에서는 81%가 한어로 소통을 하였는데 타민족에 대한 존중을 나타내기 위해 될수록 한어를 사용하려는 취지를 보이고 있다. 본민족과의 모임과 타민족과의 모임 두 가지 모임에서 모두 조선어를 제일 많이 사용하였는데 이는 타민족 입장을 감안하지만 교제의 편리성을 위해서 가장 익숙하거나 교류에 편한 언어를 사용하는 것으로 나타났다.

4) 초면일 경우 언어 사용 현황

초면일 경우 언어 사용 상황에 대하여 "초면인 조선족과 교류 시"와 "초면인 한국인과 교류 시" 두 가지 경우를 나누어 구체적인 상황을 살펴보았고 진일보 한국인과 교류 시 될수록 한국어를 사용하려는 경향이 있는지, 그리고 그 목적은 무엇인지에 대해서도 조사를 진행하였다.

〈표 12〉 초면일 경우 언어 사용 상황 (%)

언어/상황	초면인 조선족과 교류	초면인 한국인과 교류
조선어	187/74	56/22
한국어	20/7	192/76
한어방언	8/3	3/0
표준어	139/55	25/9
기타	3/0	3/0
이런 상황 없음	3/0	10/3

초면인 조선족과 교류 시 74%의 제보자는 조선어로 교류를 하며 58%의 제보자는 한어를 선택하였다. 이는 본민족 모임에서 88%가 조선어로 교제하는 것에 비해 낮은 수치로 구체적인 원인을 살펴보면 일부 화용적 목적의 영향을 받고 있음을 알 수 있다. 인터뷰를 통해서 파악한데 의하면 조선족은 초면일 경우 상대방이 조선족이라고 판단하기 전에는 한어로 간단한 소통을 하게 되며 상대방이 조선족임을 알게 되면 조선어로 교류하게 된다고 한다. 초면인 조선족과 교류할 때 상대방과 같은 민족이라는 공감대를 형성하고 친근함을 나타내기 위해서는 조선어를 사용하며 이와 반대로 공감대 형성의 필요성이 없다고 판단할 때는 한어를 사용하게 된다. 예를 들어 물건을 살 때 상대방과 공감대를 형성하여 가격 흥정을 하고 싶을 경우에는 조선어를 사용하며 친근함을 표현한다. 하지만 반대로 가격 흥정을 같은 민족 사이에 하는 것이 불편하다고 느끼는 경우도

있으므로 이런 경우에는 한어를 사용하여 같은 민족임을 감추려 하는 현상을 보인다. 아주 간단한 상황을 예로 들었지만 부동한 목적으로 인한 다양한 언어 선택이 조선족의 일상생활 속에 아주 보편화되어 있음을 알 수 있다.

초면인 한국인과는 될수록 한국어로 교류하려는 경향을 보이며 76% 즉 192명의 제보자가 한국어로 소통을 한다고 밝혔다. 언어 능력 조사에서 127명이 한국어 구사 능력이 있다고 하였는데 본 설문 조사에서 192명이 초면인 한국인과 될수록 한국어로 교류한다는 조사 결과가 나오게 되었다. 구체적인 원인에 대해서 조사해 본 결과 언어 능력 조사에서 본인의 한국어 실력에 대해서 구사 능력이 없다고 답했던 제보자지만 한국인과 초면으로 교류할 경우 상대방에 대한 배려를 위해 될수록 본인이 한국어라고 생각하는 어휘나 어조를 사용한다고 하였다. 상대방이 듣기엔 한국어가 아닐 수도 있지만 화자의 판단에 의하면 본인은 한국어를 구사하려고 노력하고 있다고 생각하였기에 192명이 한국어를 선택하였다. 초면인 한국인과 한어를 사용하는 것은 좀 의외의 경우인데 9%의 화자가 한어를 사용한다고 하였는데 이유는 조선어나 한국어를 모르거나 한국인이 한어를 구사할 수 있는 상황이기에 한어를 사용한 것이었다. 그리고 한국인과 교류 시 한국어를 구사하기 위해 노력하는가는 질문에 219명이 한국어를 사용하기 위해 노력한다고 하였고 33명이 별 신경을 쓰지 않는다고 하였는데 각각 86%와 24%를 차지한다. 한국어를 선용하는 목적에 대해 "교류의 편리를 위해", "친근함을 나타내기 위해", "우호적인 태도를 나타내기 위해", "상대방의 언어 습관을 존중하기 위해", "화자의 사회적 지위를 높이기 위해", "기타" 등 여섯 가지 교제 목적 별 언어 사용 상황을 조사하였다. 한국인과 교류 시 될수록 한국어를 선택한다는 제보자 219명 중 위의 조사 문항에 대한 선택자는 각각 181명, 38명, 76명, 131명, 10명, 8명으로 82%, 17%, 34%, 59%, 4%, 3%를 차지한다. 교제의 기본 요구인 교류의 편리를 위해 한국어를 사용하는 제보자가 제일 많으며 이는 사람들이 교제 시 언어의 편리성을 가장 중요시하며 이중 혹은 삼중언어자일 경우 특히 교제에 편리한 언어를 우선적으로 선택하게 된다. 상대방의 언어 습관을 존중하기 위한 목적으로 한국어를 선택한 제보자가 두 번째로 많은데 조선어와 한국어의 차이점을 감안하고 될수록 상대방에게 편리함을 주기 위해 능숙하지 못하더라도 될수록 한국어를 사용하였다. 34%의 제보자가 우호적인 태도를 나타내기 위해 한국어를 사용하였는데 상대방이 외국인이라는 점을 감안하여 될수록 친근함과 우호적인 태도를 나타내려고 하는 목적을 보였다. 아주 극소수는 본인의 사회적 지위를 높이기 위한 목적으로 한국어를 사용하였다고 하였는데 한국어의 사회적 위상이 조선어 비해 높다는 판단을 기반으로 이런 선택을 하였다.

5) 취미 생활 언어 사용 현황

취미 생활에서 사용하는 언어도 언어생활의 구성 부분으로 이를 통해 여러 언어가 생활 중에서의 지위와 역할에 대해서 알아볼 수 있으며 일상생활 중의 언어 습관도 살펴볼 수 있다. 이 부분에서는 "어떤 언어의 노래를 좋아합니까", "어떤 언어의 프로그램을 봅니까", "어떤 언어의 사이트에 자주 방문합니까" 등 세 가지 문항으로 다항선택 방식으로 조사를 하였다.

취미 생활 언어 사용 상황에 대해 조사를 해 본 결과 조선족이

〈표 13〉 취미 생활 언어 사용 상황 (%)

언어/항목	노래	프로그램	웹사이트
조선어	38/15	28/11	28/11
한국어	214/84	199/78	161/63
한어방언	4/1	8/3	207/82
표준어	151/59	184/73	
기타 언어	48/19	25/9	13/5
이런 상황 없음	-	-	42/16

취미 생활에서 주로 사용하는 언어는 조선어가 아니라 한국어와 한어인 것으로 나타났는데 주목 받아야 할 현상이라고 생각한다. 노래, 프로그램, 웹사이트 언어에 대한 조사에 의하면 60%, 76%, 82%가 한어를 선택하였고 84%, 78%, 63%가 한국어를 선택하였으며 15%, 11%, 11%만이 조선어를 선택 하였다. 구체적인 원인을 살펴보면 연변조선족자치주와 같은 집거지역 외에는 거의 한어 문화권에서 한어 문화의 영향을 많이 받고 있기 때문에 사회적 정보나 문화 정보는 주로 한어 매체를 통해서 접하게 된다. 한국어를 선택한 이유는 "한류"에서 찾아볼 수 있는데 "한류"로 인해 조선족들이 한국 문화를 접하고 이해하고 받아들이게 되었다. 언어 소통에 어려움이 없고 민족 정서도 통하는 부분이 있기 때문에 한국 문화에 대한 공감을 가지게 되면서 한국 드라마, 한국 음악, 한국 의류, 한국 음식 등 다방면의 접촉을 통해 한국 문화를 받아들이게 되었다. 주로 한어 문화권에서 한어 매체의 영향에 노출돼 있던 조선족 문화가 한국 문화를 접하게 되면서 보다 다양하고 풍부해 졌으며 이는 조선족들의 생활 패턴과 사유 방식에도 변화를 가져다주고 있다. 언어 선택에서

연령 별 차이점을 보여 주었는데 한어와 한국어를 선택한 대부분 제보자는 연령대가 젊은 층으로 50세 이상의 제보자는 조선어로 된 조선족 문화를 반영하는 연변 조선족 노래나 조선족 소품小品 등 형식을 선호하였다.

구체적으로 취미 항목 별 언어 선택 상황을 살펴보면, 84%가 한국어 노래, 60%가 한어 노래, 15%가 조선어 노래를 선택하였다. 19%가 일본어나 영어 노래를 선택하였는데 이는 외국 생활 경력이 있는 사람이나 대학생이었다. 프로그램은 78%가 한국어, 76%가 한어, 11%가 조선어, 9%가 기타 언어를 선택하였는데 이유를 보면 하나는 양적으로 북경에서 조선어로 된 프로그램을 접하기 어려운 것이고 다른 원인은 질적으로 한국어나 한어 프로그램에 비해 조선어 프로그램이 흡인력이 떨이진다는 것이다. 한국어 프로그램이나 한어 프로그램은 쉽게 접할 수 있으며 종류나 양적으로 다양하기 때문에 취향에 따라서 선택할 수 있다. 한국어 프로그램 선택자가 한어 프로그램을 초과한 것은 간과할 수 없는 수치로 한국어 매체 문화의 영향이 점차 한어 매체 문화 영향을 추월하고 있음을 알 수 있다. 한국어 프로그램을 접하면서 한국 문화를 알고 한국 문화 속에서 한국어를 익히게 되는 것이다. 웹사이트는 프로그램에 비해 언어 별 사용면에서 한어가 6% 증가되고 한국어가 15% 줄어들었는데 이는 웹사이트에서 사용되는 한국어의 특징과 관계가 있다. 한국어 웹사이트에서 외래어, 신조어, 준말 등 여러 가지 언어 변이 형태를 많이 사용하기 때문에 한국인조차 웹사이트 문장 구독 어려움을 느끼고 있으며 조선족은 더 큰 어려움을 느끼고 있다. 때문에 상대적으로 접하기 쉽다고 느끼는 한어 웹사이트를 더 활용하게 된다.

취미 관련 언어 사용 상황에 대한 조사 및 분석을 통해 조선족 언어생활에서 한국어의 영향이 점차 추가되어 어떤 부분에서는 한어를 초과하고 있다는 것을 알 수 있다.

제5장
북경 조선족 언어 태도

언어 태도란 사람들이 언어 문자에 대한 지식, 감정, 행위 경향 등 요소들로 이루어진 사회 심리 현상으로 언어 사용자의 주관적인 희망, 관점과 평가를 반영하며 현실 언어생활과 복잡한 관련성을 가지고 있다. 어떤 언어나 문자의 사회 속에서의 교제 기능, 사용 인구, 사용 단체의 사회적 경제적, 문화적 지위 등 요소는 사람들이 이 언어나 문자의 사회적 가치 평가에 기준이나 근거가 될 수 있다. 언어 태도는 일정한 사회 환경과 언어 환경의 산물로, 사회의 발전과 언어 문자 기능의 변화에 따라 변하게 된다. 언어 태도의 변화 역시 언어 문자 기능에 영향을 주게 된다. 때문에 언어 사용자 즉 화자의 언어 행위는 언어 태도에 의해 좌지우지되며 가끔은 언어 태도의 관할을 벗어날 때도 있다.

조선족의 언어생활에서 여러 가지 언어에 대한 태도 역시 언어 선택과 사용 등 생활에 직접적인 영향을 끼치기 때문에 좀 더 심도 있는 분석을 하기 위하여 조선족이 조선어와 한국어에 대한 태도, 조선어와 한국어 등 네 가지 언어에 대한 주관적인 느낌, 언어 학습의 적극성, 네 가지 언어의 발전 추세에 대한 예측 등 네 개 부분으로 조사 및 분석을 진행하였다. 네 가지 언어에 대한 주관적 평가는 여섯 가지 평가기준으로 조사를 하였는데 제보자의 주관적 느낌과 관련된 평가는 감정적 느낌을 반영하는 "듣기 좋다"와 "친절하다"이며 언어 사회적 기능 및 사회적 평가에 대한 표준은 "우아하다", "사회적 지위가 높다", "용도가 크다" 이며, 제보자의 언어적 능력과 관련된 표준은 "편리하다"로 조사를 하였으며 평가 표준 별 정도 차이를 1-5점[1])으로 차별화 하였다.

1. 조선어와 한국어에 대한 태도 평가

조선어와 한국어에 대한 태도에 관해서는 두 가지 문항으로 조사를 진행하였는데 첫 번째 문항은 조선어와 한국어의 차이점에 대한 내용으로 "조선어와 한국어는 같은 언어로 차이점이 없다", "차이점이 있지만 교류에는 영향이 없다", "차이점이 크며 한국인과 교류가 어렵다", "차이점이 아주 크며 동일한 언어가 아니다", "대답할 수 없다" 다섯가지 선택 사항을 제시하였다. 이에 선택자는 순차적으로 6명, 204명, 37명, 3명, 2명으로 2%, 81%, 15%, 1%, 1%를 차지한다. 81%가 조선어와 한국어는 차이점이 있지만 교류에는 영향이 없다고 여기고 있다. 반면 15%가 조선어와 한국어가 차이점이 커서 교류에 어렵다고 하였으며 서로 다른 언어라고 여기는 사람은 3명으로 1%에 그쳤다. 이 조사를 통해 차이점을 인정한 제보자는 총 97%로 그 중 대부분은 차이점을 인정하는 동시에 공동점도 인정을 하므

---

1) 1점이 정도가 가장 낮고 5점이 정도가 가장 높음.

로 한국어와 조선어는 한 언어의 서로 다른 변이체라고 할 수 있다.

두 번째 문항은 조선어와 한국어의 구체적인 차이점을 알아보기 위해 "어휘가 다르다", "표현 방식이 다르다", "어조가 다르다", "기타", "대답할 수 없다" 다섯 가지 선택 사항을 제시하였다. 선택자는 순차적으로 167명, 96명, 197명, 8명, 3명으로 66%, 38%, 78%, 3%, 1%였다. 조선어와 한국어가 어조가 다르다고 여기는 사람이 78%로 제일 많았고 66%가 어휘의 차이점을 선택하였는데 이 조사를 통해 조선어와 한국어의 가장 큰 차이점은 어휘와 어조라고 할 수 있다. 좀 더 구체적으로 서술하면 한국어도 여러 가지 방언이 존재하는데 여기서 말하는 한국어는 표준어를 가리키며 조선족은 한반도의 함경도, 평안도, 경상도, 등 여러 방언구 방언을 사용하기 때문에 방언의 종합체라고 할 수 있다. 조선족이 사용하는 방언에 따라 억양과 어조가 다르며 한국어와의 어조 차이도 확연하다. 어휘의 차이점은 언어 변화의 각도에 입각하여 분석해 볼 수 있다. 어휘는 언어 구성에서 가장 민감하게 사회적 변화를 반영하는 부분으로 언어의 변화는 어휘에서부터 시작된다. 동일한 언어에 속했던 두 언어가 차이점을 보인다면 어휘에서부터 나타날 것이다. 차이점의 원인을 살펴보면 첫째는 조선어와 한국어의 표기법이나 정서법이 다르다. 조선족의 조선어는 조선민주주의공화국의 문법이나 문자규칙에 따랐고 한국은 다른 규칙규범을 사용하였다. 둘째는 서로 다른 체제와 다른 사회 문화 속에서 생활하기 때문에 일상생활과 문화를 반영하는 어휘에서 큰 차이점을 보이고 있다. 셋째는 한국어는 외래어 표기법에 따라 외래어를 음역의 방식으로 대량 사용하고 있는 반면 조선어의 외래어는 한어를 통해 제한적으로 들어오기 때문에 외래어 사용에서 큰 차이점을 보이고 있다.

어휘와 어조 외에 표현방식에서도 차이점을 보이고 있지만 표현방식의 차이점은 어휘나 어조에 비해 좀 더 심층적인 부분으로 사유방식과 문화적 요인의 영향을 받으며 이는 한국어를 더욱 깊이 이해를 해야 그 차이점을 느낄 수 있다.

2. 조선어와 한국어 및 기타 언어에 대한 평가

조선어, 한국어, 한어방언 및 표준어에 대한 주관적인 인상에 대해서 위해서 언급했던 여섯 가지 표준으로 조사를 진행하였다.

1) 조선어에 대한 평가

〈표 14〉 조선에 대한 주관적 평가 (%)

점수/평가	듣기 좋음	친절함	우아함	지위가 높음	용도가 큼	편리함
1分	14/6	9/4	21/8	17/7	12/5	22/9
2分	21/8	9/4	41/16	35/14	29/12	18/7
3分	67/27	39/15	86/34	110/44	66/26	31/12
4分	49/19	36/13	52/21	58/22	74/29	44/17
5分	101/40	159/63	52/21	32/13	71/28	137/55
합계	252	252	252	252	252	252

제보자의 주관적인 느낌을 나타내는 "듣기 좋음"과 "친절함"에 대한 조사에서 "듣기 좋음"에 대한 평가는 1점에서 5점까지 평가자가 각각 6%, 8%, 27%, 19%, 40%이고 "친절함"에 대한 평가는 1점에서 5점까지 각각 4%, 4%, 15%, 13%, 63%이다. 기본적으로 두 기

준에 대한 평가는 높은 편으로 4점과 5점을 선택한 제보자가 59%와 76%에 달한다. 반대로 낮은 평가인 1점과 2점을 선택한 제보자는 14%와 8%로 본민족언어에 대하여 깊은 감정과 동질감을 느끼고 있으며 특히 "친절함"에 대한 평가가 제일 높으며 모어에 대한 친근감과 언어 사용면에서의 소속감을 표현하였다. 모어가 모어 화자에게 주는 친근감과 소속감은 교제의 언어적 기능을 뛰어넘어 모어 화자 단체가 한 단체로 귀속될 수 있는 사회적 기능을 체현하고 있다.

제보자가 언어의 기능 그리고 사회적 지위를 나타내는 평가 기준인 "우아함", "사회적 지위가 높음", "용도가 큼" 등 세 가지 기준에 대해서 4점과 5점을 선택한 제보자가 42%, 35%, 57%이며 낮은 평가인 1점과 2점을 선택한 제보자는 24%, 21%, 17%였다. "용도가 큼"에 대한 인정도가 제일 높았는데 조선어가 조선족 언어생활에서 가지고 있는 기능에 대한 평가를 의미하며 반대로 "우아함"이라는 평가에서 제일 낮은 점수를 선정한 제보자가 제일 많았다. 그만큼 모어로서 "우아함"보다는 일상생활에서의 용도가 더 중요하다는 판단을 보여주고 있다.

제보자의 언어 능력 평가를 목적으로 한 "편리함"에 대해서는 4점과 5점을 선택한 제보자가 72%에 달하였고 1점과 2점을 선택한 제보자가 16%로 조선어가 일상생활에서 가장 편리하게 사용되는 교제 언어임을 알 수 있다. 언어 사용 단체가 언어 편리성에 대한 평가는 언어가 존속적으로 이 단체에서 존속해 나가고 언어생활에서 주요 교제 기능을 실현할 수 있는 중요한 요소라고 할 수 있다. 조선족은 대부분이 이중언어 사용자로서 조선어와 한어 수준이 보편적으로 높은 편이지만 조선어가 타언어에 비해 사용에서 편하기 때문에 가족 내, 친구 모임, 직장 등 여러 경우에 가능한 조선어를 교제 언어로 사용하는 경향을 보이고 있으며 이는 모어로서의 조선어의 지위를 보여준다.

2) 한국어에 대한 평가

〈표 15〉 한국어에 대한 주관적 평가 (%)

점수/평가	듣기 좋음	친절함	우아함	지위가 높음	용도가 큼	편리함
1점	12/5	12/5	13/5	19/8	9/4	30/12
2점	7/3	12/5	18/7	33/13	18/6	37/15
3점	19/7	56/22	63/25	83/33	63/25	93/37
4점	52/21	50/20	71/28	78/31	82/33	66/26
5점	162/64	122/48	87/35	39/15	80/32	26/10
합계	252	252	252	252	252	252

제보자의 주관적인 느낌을 나타내는 "듣기 좋음"과 "친절함"에 대한 조사에서 "듣기 좋음"에 대한 평가는 1점에서 5점까지 평가자가 각각 5%, 3%, 7%, 21%, 63%이고 "친절함"에 대한 평가는 1점에서 5점까지 각각 5%, 5%, 22%, 20%, 48%이다. 기본적으로 두 기준에 대한 평가는 높은 편으로 4점과 5점을 선택한 제보자가 85%와 68%에 달한다. 반대로 낮은 평가인 1점과 2점을 선택한 제보자는 8%와 10%이다. "듣기 좋음"에 대한 평가에서 한국어에 대한 높은 평가 선택자가 조선어에 비해 많은 반면 낮은 평가 선택자가 조선어에 비해 적은 것은 "듣기 좋음"에서 한국어가 조선어에 비해 더 듣기 좋은 언어라는 평가를 알 수 있다. "친절함"에 대한 평가에서는 반대로 한국어에 대한 높은 평가자가 조선어에 비해 적고, 낮은 평가자가 조선어에 비해 많다. 이를 통해 조선어가 한국어에 비해 더

친절함을 느낄 수 있는 언어임을 알 수 있다.

사회적 지위를 나타내는 평가 기준인 "우아함", "사회적 지위가 높음", "용도가 큼" 등 세 가지 기준에 대해서는 4점과 5점을 선택한 제보자가 63%, 46%, 65%이며 낮은 평가인 1점과 2점을 선택한 제보자는 12%, 21%, 10%였다. "용도가 큼"에 대한 평가가 제일 높은 편이었고 항목 별 조선어의 평가와 비교를 해 볼 때 "우아함"에서 높은 평가자는 한국어가 조선어에 비해 21% 많고 낮은 평가자가 12%정도 적었다. "우아함"에 대한 평가에서 한국어에 대한 평가가 조선어에 비해 크게 높은 것으로 나타났다. "사회적 지위가 높음"에서 높은 평가자는 한국어가 조선어에 비해 11% 많고 낮은 평가자는 같았는데 이로부터 "사회적 지위가 높음"평가에서 한국어가 조선어와 큰 차이는 없지만 조금 높은 것으로 나타났다. "용도가 큼"에서 높은 평가가가 한국어보다 조선어가 8% 적고 낮은 평가자가 한국어가 7% 적다. 이 숫자 역시 "우아함"과 같은 결과로 한국어가 조선어보다 용도가 큰 언어라고 인정한다. 세 항목에 대한 조사를 통하여 볼 때 한국어에 대한 사회적 기능에 대한 평가가 보편적으로 조선어에 비해 높은 것으로 나타났다.

언어 능력 평가를 목적으로 한 "편리함"에 대해서는 4점과 5점을 선택한 제보자가 36%에 달하였고 1점과 2점을 선택한 제보자가 25%로 조선어와 비교해 볼 때 큰 차이를 나타내고 있다. 사용자의 주관점 느낌이나 언어의 사회적 기능에 대한 평가는 전반적으로 한국어가 조선어에 비해 높게 나타났지만 사용면에서는 언어에 대한 숙지도 및 숙련도가 조선어에 비해 낮기 때문에 편리성은 조선어에 미치지 못하고 있다. 하지만 한국어에 대해 주관적으로 긍정적인 느낌을 가지고 기능적으로 인정을 높게 한 이상 접촉 기회가 많아지면서 더욱 적극적인 한국어 숙지 및 사용 의향을 보일 것이며 조선족의 한국어 실력이 전반적으로 제고될 것이라고 추측해 본다.

3) 한어방언에 대한 평가

〈표 16〉 한어방언에 대한 주관적 평가 (%)

점수/평가	듣기 좋음	친절함	우아함	지위가 높음	용도가 큼	편리함
1점	38/15	29/12	48/19	30/12	34/12	33/13
2점	46/18	36/14	56/22	48/19	41/17	36/14
3점	80/32	63/24	97/38	85/34	82/33	72/29
4점	63/25	52/21	41/17	38/15	40/16	41/16
5점	25/10	72/29	10/4	51/20	55/22	70/28
합계	252	252	252	252	252	252

"듣기 좋음"과 "친절함"에 대한 조사에서 "듣기 좋음"에 대한 평가는 1점에서 5점까지 평가자가 각각 15%, 18%, 32%, 25%, 10%이고 "친절함"에 대한 평가는 1점에서 5점까지 각각 12%, 14%, 24%, 21%, 29%이다. 그 중 4점과 5점을 선택한 제보자가 35%와 50%이고 낮은 평가인 1점과 2점을 선택한 제보자는 33%와 26%이다. 두 평가 항목에서 "친절함"에 대한 평가가 "듣기 좋음"에 대한 평가보다 현저히 높은 것으로 나타났다. 방언에 대한 평가에서 "친절함"이 보편적으로 높게 평가되며 이 또한 방언이 지속적으로 존재할 수 있는 아주 중요한 이유이기도 하다. "우아함", "사회적 지위가 높음", "용도가 큼" 등 세 가지 기준에 대해서는 4점과 5점을 선택한 제보자가 21%, 35%, 38%이며 낮은 평가인 1점과 2점을 선택한 제보자는 41%, 31%, 29%였다. 한어방언의 사회적 기능에 대한 평가는 보편적

으로 낮은 편이며 "우아함"에 대한 평가가 제일 낮은 반면 "용도가 큼"에 대한 평가가 제일 높다. 이는 실용적인 면에서 방언의 가치를 보여준다.

"편리함"에 대해서는 4점과 5점을 선택한 제보자가 44%에 달하였고 1점과 2점을 선택한 제보자가 27%로 한어방언의 언어 사용 편리성에 대한 평가는 한국어보다 높지만 조선어보다 낮은 것으로 나타났다.

4) 표준어에 대한 평가

〈표 17〉 표준어에 대한 주관적 평가 (%)

점수/평가	듣기 좋음	친절함	우아함	지위가 높음	용도가 큼	편리함
1分	7/3	6/2	10/4	8/3	6/2	7/3
2分	14/5	22/9	19/7	8/3	11/4	14/6
3分	40/16	64/26	70/28	15/6	10/4	25/10
4分	76/30	79/31	75/28	42/17	27/11	74/29
5分	115/46	81/32	78/31	179/71	198/79	132/52
합계	252	252	252	252	252	252

"듣기 좋음"과 "친절함"에 대한 조사에서 "듣기 좋음"에 대한 평가는 1점에서 5점까지 평가자가 각각 3%, 5%, 16%, 30%, 46%이고 "친절함"에 대한 평가는 1점에서 5점까지 각각 2%, 9%, 26%, 31%, 32%이다. 그 중 4점과 5점을 선택한 제보자가 76%와 63%이고 낮은 평가인 1점과 2점을 선택한 제보자는 8%와 11%이다. 표준어와 방언을 비교해 볼 때 "듣기 좋음"과 "친절함"에 대한 높은 평가자가 방언에 비해 각각 41%와 13%가 높았다. 이 조사를 통해 조선족이

표준어에 대한 주관적 느낌이 방언에 비해 더 긍정적임을 알 수 있다.

"우아함", "사회적 지위가 높음", "용도가 큼" 등 세 가지 기준에 대해서는 4점과 5점을 선택한 제보자가 61%, 88%, 90%이며 낮은 평가인 1점과 2점을 선택한 제보자는 11%, 6%, 6%였다. 사회적 기능에서 "용도가 큼"에 대한 평가가 가장 높았고 그 다음으로 "사회적 지위가 높음", "우아함"이었다. 그리고 이 세 가지 항목 모두가 방언에 비해 훨씬 높게 평가되고 있다.

"편리함"에 대해서는 4점과 5점을 선택한 제보자가 81%에 달하였고 1점과 2점을 선택한 제보자가 9%로 표준어 사용 편리성에 대한 평가는 조사한 네 개 언어 중 가장 높았다.

언어 별 평가 비교

〈표 18〉 언어 별 고평가(4점과 5점) 비율 비교 (%)

언어/평가	듣기 좋음	친절함	우아함	지위가 높음	용도가 큼	편리함
조선어	59	76	42	35	57	72
한국어	85	68	63	46	65	36
한어방언	35	50	21	35	38	44
표준어	76	63	61	88	90	81

〈표 19〉 언어 별 저평가(1과 2점) 비율 비교 (%)

언어/평가	듣기 좋음	친절함	우아함	지위가 높음	용도가 큼	편리함
조선어	14	8	24	21	17	16
한국어	8	10	12	21	10	27
한어방언	33	26	41	31	29	27
표준어	8	11	11	6	6	9

⟨표 18⟩, ⟨표 19⟩의 숫자에 대한 비교를 통해서 알 수 있다시피 "듣기 좋음" 평가에서 한국어에 대한 평가가 제일 높은데 고평가가 85%이고 저평가가 8%이다. "친절함" 평가에서 조선어에 대한 평가가 제일 높으며 고평가가 76%이고 저평가가 8%이다. "우아함"평가에서 한국어와 표준어에 대한 평가가 비슷한 수준으로 나왔으며 "지위가 높음"과 "용도가 큼"평가에서는 표준어에 대한 평가가 제일 높았는데 고평가 각각 88%와 90%이고 저평가가 각각 6%와 6%이다. "편리함"평가에서 표준어가 제일 높게 나왔는데 고평가가 81%이고 저평가가 9%이다. 총적으로 언어 사용자의 주관적인 느낌이나 정서를 나타내는 평가 항목에서는 조선어와 한국어가 높은 평가를 받았고 사회적 기능을 나타내는 항목에서는 표준어가 제일 높은 평가를 받았고 언어 숙지 정도와 사용의 편리성을 나타내는 항목에서는 조선어가 아닌 표준어가 제일 높은 평가를 받았다.

3. 언어 학습에 대한 적극성

언어 학습 적극성은 언어 발전과 사용에 직접적인 영향을 주고 있다. 조선어와 한국어에 대한 언어 학습 적극성을 목적으로 세 가지 문항을 설치하여 구체적으로 조사 및 분석을 진행하였다. 첫 번째 문항은 모어인 조선어에 대한 습득 관련 조사로 "조선어를 할 줄 모르는 조선족에 대해 어떻게 생각합니까"라는 질문을 제기하고 구체적으로 "조선족으로 조선어를 모르는 것은 아쉬운 일로 꼭 배워야 한다", "언어 환경이 없으면 그럴 수 있으며 이해한다", "사회적인 추세로 어쩔 수 없다", "답할 수 없다" 네 개 선택항에 다항선택으로 하였다. 위 선택항을 선택한 제보자는 각각 183명, 113명, 6명, 4명으로 73%, 45%, 3%, 1%를 차지한다. 73%가 조선어 학습에 적극성을 보였으며 될수록 배워야 한다고 주장을 하였고 45%가 어쩔수 없는 상황이며 이해를 한다고 주장하였으며 44명이 첫 번째와 두 번째 문항에 대해 다항선택을 하였다. 본민족의 모어를 알아야 하고 모르면 배워야 한다고 생각하는 제보자가 대부분이었고 동시에 언어적 환경의 영향으로 모어를 배울 수 없거나 할 수 없는데 대해서 아쉬움을 나타내고 있다. 북경의 상황을 놓고 보더라도 조선족학교가 없고 조선족 언어문화 환경이 잘 마련되어 있지 않기 때문에 북경에 거주하는 조선족의 자녀들이 조선어를 구사할 줄 모르는 경우가 대부분이다. 이러한 상황에 대비하여 도시우리말학교와 같은 민간 민족언어 교육기구들이 설립되고 민족 언어문화 교육이 진행되고 있어서 다행이지만 도시 조선족 자녀들이 민족 언어를 잃어가고 있는 큰 추세를 막기에는 부족한 것 같다.

두 번째 문항은 조선어 습득에 대한 적극성을 조사하기 위하여 "조선어를 꼭 배우고 싶으며 스스로 기회를 만들어서 배울 것이다", "배고 싶은데 여건을 만들어 줘야 배울 것이다", "배우거나 배우지 않거나 상관이 없다", "배우고 싶지 않다", "기타"등 다섯 개 선택항에 다항선택으로 하였다. 이 조사는 조선어를 구사할 수 없는 제보자 20명과 간단한 일상용어만 할 수 있는 수준과 간단한 메모를 할 수 있는 언어 문자 수준이 낮은 29명 제보자에 한하였다. 위 선택항을 선택한 제보자는 각각 12명, 10명, 4명, 2명, 1명으로 41%, 35%, 14%, 7%, 3%이다. 총적으로 보면 배우고 싶다는 의향을 나타낸 제보자가 76%이고 14%가 상관이 없다고 하였으며 7%가 배우고 싶지 않다고 하였다. 구체적인 인터뷰를 통해서 더욱 자세한 상황을 알아

본 결과 조선어를 배우고 싶지 않다고 선택한 제보자의 해석에 의하면 일상생활과 직장에서 조선어를 접하고 사용할 기회가 없기 때문에 조선족이지만 일부러 배울 필요가 없다고 판단하였다. 한류 및 본민족 언어문화에 대한 중시 등 영향으로 조선어에 대한 조선족의 습득 열정이 높아지고 있으며 기회가 있으면 될수록 조선족 언어문화 교육을 하려고 노력하려는 경향을 보이고 있다. 민족 언어는 한민족이 민족 특성을 보유하고 민족공동체 의식을 유지해 나가는 데 없어서는 안 될 핵심요소다. 도시에서 조선족의 민족성을 유지해 나가려면 도시 이민 제2세, 제3세의 민족언어문화 교육에 각별히 신경을 써야 한다고 생각한다.

세번째 문항은 한국어 습득에 대한 적극성을 조사하기 위하여 "한국어를 꼭 배우고 싶으며 스스로 기회를 만들어서 배울 것이다", "배고 싶은데 여건을 만들어 줘야 배울 것이다", "배우거나 배우지 않거나 상관이 없다", "배우고 싶지 않다", "기타" 등 다섯 개 선택항에 다항선택으로 하였다. 본 문항은 한국어 구사 능력 조사에서 간단한 일상용어를 할 수 있는 수준과 구사 할 수 없음을 선택한 44명 제보자에 한해서 조사를 진행하였는데 항목 별 선택 상황을 보면 각각 17명, 16명, 3명, 7명, 1명이고 39%, 36%, 7%, 16%, 2%를 차지한다. 한국어에 대한 습득 의향에서 적극적인 의향을 보인 비율은 조선어와 비슷하였고 단 연세가 50대 이상의 제보자는 한국어 습득에 대해 소극적인 태도를 보였고 조선어보다 9%가 많은 제보자가 배우고 싶지 않다고 하였다.

4. 언어 발전 추세에 대한 관점

위에서 조사한 네 가지 언어의 발전 추세에 대한 태도를 알아보기 위해 "아주 큰 발전이 있을 것이다", "일정한 범위에서 발전이 있을 것이다", "사용자가 점차 줄어들 것이다", "답할 수 없다" 등 네 가지 선택항으로 조사를 진행하였다.

〈표 20〉 언어 별 발전 추세 비교

언어/평가	아주 큰 발전이 있을 것이다	일정한 범위에서 발전이 있을 것이다	사용자가 점차 줄어들 것이다	답할 수 없다
조선어	61/24%	93/37%	75/30%	23/9%
한국어	117/46%	106/42%	10/4%	19/8%
한어방언	38/15%	89/35%	96/38%	29/12%
표준어	234/93%	10/4%	3/1%	5/2%

제보자의 61%가 조선어의 발전 추세에 대해 아주 큰 발전이 있거나 일정한 범위에서 발전이 있을 것이라는 긍정적인 태도를 가지고 있었고 30%가 점차 사용자가 줄어들 것이라는 소극적인 평가를 하고 있다. 제보자의 88%가 한국어에 대해 긍정적인 평가를 하였는데 이는 조선어에 비해 훨씬 높은 편으로 한국의 종합적인 국가 발전을 기반으로 한국어의 발전 추세를 긍정적으로 보고 있다. 조선어는 앞에서도 언급했다시피 조선족의 도시화가 가속화되면서 도시 거주 조선족들에게 조선 언어문화 환경이 점차 약화되면서 민족 언어문화와 멀어지며 일상생활에서 다른 언어문화에 밀리는 현상이 보편적으로 나타나고 있다. 하여 조선어의 발전 추세에 대해서 제보자의 반 이상이 긍정적인 태도를 보였지만 실질적인 상황은 좀더 고민이

필요한 시점이다.

그리고 제보자의 50%가 한어방언의 발전에 대해 긍정적인 태도를 보였고 38%가 소극적인 평가를 하였으며 표준어에 대해 97%가 긍정적인 태도를 보였고 1%만이 소극적인 평가를 하였다. 전반적으로 발전 추세가 양호한 언어는 표준어와 한국어이고 그 뒤로 조선어와 한어방언이다. 조선어는 한국어의 발전에 따라 더욱 많은 영향을 받게 될 것이며 조선어의 발전에서 한국어의 영향은 많이 주목해야 할 부분이라고 생각한다.

제6장
북경 조선족 코드 스위칭 분석

　북경 조선족 언어 사용 실태 부분에서 언어 사용 상황 및 언어 구사 능력에 대해서 살펴본 결과 북경 조선족의 한국어와 한어 수준이 보편적으로 높아지고 있는 경향을 보이고 다중언어 사용자로서 일상생활에서 코드 스위칭이 중요한 교제 수단으로 존재하고 있다. 북경 조선족의 언어생활에 대한 전면적인 관찰에 있어서 코드 스위칭은 빼 놓을 수 없는 언어 현상이며 언어생활 구성에서 아주 중요한 부분이라고 해도 과언이 아니다. 북경 조선족은 거의 전부가 이중언어사용자이고 대부분이 삼중언어 사용자로 조선어와 한어는 평성성이중언어를 형성하였고 조선어와 한국어는 대부분이 불평형성이중언어를 형성하였다. 이중 또는 삼중언어에서 언어 별 지위가 다름에 따라 언어들 간에 발생하는 코드 스위칭도 다른 양상을 보이고 있으며 본 부분에서는 언어 별, 유형 별 코드 스위칭을 살펴보고 그것과 사회적 요소들 사이의 관련성을 분석하고자 한다.
　언어 사이의 코드 스위칭을 어휘 코드 스위칭과 문장 코드 스칭으로 나누어 볼 수 있는데 두 가지 현상이 모두 조선족 언어생활에 보편적으로 존재한다. 어휘와 문장 두개 층위에서 발생하는 코드 스위칭을 조한汉 / 한汉조, 조한韩/한韩조 언어 별로 살펴보고 이런 언어 현상의 심리적 동기에 대해서 심층 분석을 하였다.

1. 조한汉 / 한汉조 이중언어 어휘 코드 스위칭

조한汉/한汉조 어휘 코드 스위칭은 일반적으로 조선족 사이 교제에서 자주 발생하며 조선족과 타민족과의 교제에서는 거의 발생하지 않는다. 이 형식은 조선족 언어생활에서 가장 보편적이고 중요한 교제 방식의 하나다.

조한汉/한汉조 어휘 코드 스위칭에 대해 "조선족 지인과 조선어로 교류 시 한어 어휘 사용 여부", "조선족 지인과 한어로 교류 시 조선어 어휘 사용 여부", "한족 지인과 한어로 교류 시 조선어 어휘 사용 여부" 등 세 가지 경우로 조사를 진행하였고 선택항에는 "자주 사용", "가끔 사용", "사용 안함"을 제시하였다. "조선족 지인과 조선어로 교류 시 한어 어휘 사용 여부"에 대한 조사에서 선택항에 대한 선택 인수는 각각 156명, 72명, 24명으로 62%, 29%, 9%를 차지한다. "자주 사용"과 "가끔 사용"을 선택한 자는 총 91%로 두 언어 수준이 교제 가능한 정도의 제보자는 모두 어휘 코드 스위칭을 진행하였고 조선어 수준이 낮은 극소수의 제보자만 언어 혼용이 없다고 하였다. "조선족 지인과 한어로 교류 시 조선어 어휘 사용 여부"에 대한 조사에서 선택항에 대한 선택 인수는 각각 119명, 110명, 24명으로 47%, 44%, 9%를 차지한다. "자주 사용"과 "가끔 사용"을 선택한 자는 총 91%로 첫 번째 경우와 같은 수준이었지만 세부적으로 보면 "자주 사용"이 15% 낮고 "가끔 사용"이 15% 높은 것으로 나타났다.

여기서 조한汉 코드 스위칭이 한汉조 코드 스위칭에 비해 더 보편적으로 존재하며 조선족 지인 사이에 조선어로 교류할 때 교제 편리나 기타 교제 목적 하에 한어 어휘를 혼용하게 되지만 조선족 지인과 한어로 교류하는 경우는 보통 공식적인 경우나 관계가 그렇게 가까운 사이가 아닐 경우가 많기 때문에 이런 경우에는 될수록 코드 스위칭을 하지 않으며 가까운 사이일 때는 마찬가지로 어휘 혼용을 하게 된다. "한족 지인과 한어로 교류 시, 조선어 어휘 사용 여부"에 대한 조사에서 선택항에 대한 선택 인수는 각각 14명, 60명, 178명으로 6%, 24%, 70%를 차지한다. 70%의 제보자가 어휘 혼용을 하지 않는다고 하였지만 의외로 30%가 자주 또는 가끔 혼용을 한다고 하였다. 구체적인 인터뷰를 통해서 그 상황을 알아 본 결과 제보자가 교제 중 감동이나 놀라움 또는 화를 내는 등 정서 기복이 심할 때 조선어 어휘를 사용하게 되며 정서적인 표출이 목적으로 무의식적인 경우가 많다.

관련성 분석에 의하면 제보자의 성별, 연령, 학력 등 요소가 어휘 코드 스위칭과 직접적인 연관성을 가지고 있지 않는 반면 직업, 교제 장소, 교제 대상은 일정한 연관성을 가지고 있었다. 집업과의 관련성을 보면 교육사업에 종사하거나 국가 기관에서 일하는 제보자는 업무상 원인으로 될수록 어휘를 혼용하지 않으려는 경향을 보였고 화용에서의 순결성을 추구하였다. 교제 장소와 교제 대상도 어휘 혼용과 아주 밀접한 연관성을 가지고 있었는데 화자는 교제 장소와 교제 대상에 따라서 부동한 언어 표현 방식을 선택하게 된다. 앞에서 진행한 조선족 언어 사용 실태에 대한 조사 분석에서 알 수 있다시피 가족 내에서 조선어와 중국어를 사용하는 비율은 82%와 67%이며 직장에서 조선족 동료와 조선어와 한어를 사용하는 비율은 모두 70%이며 다른 민족이 옆에 있을 경우 비율은 57%와 74%이다. 조선족 모임에서 조선어와 한어 사용 비율은 88%와 58%이며 다른 민족이 옆에 있을 경우 71%와 81%이며 초면인 조선족과 조선어와 한어를 사용하는 비율은 74%와 58%이다. 부동한 교제 장소와 교제 대상에 따라 사용하는 비율이 서로 다르지만 조선어와 한어 사용비율의 합(149%, 140%, 131%, 146%, 152%, 132%)을 구하는 방식으로 코드 스위칭이 가장 많이 일어나는 교제 장소와 교제 대상을 알아볼 수 있다. 조선족 모임에서 다른 민족이 옆에 있을 경우 코드 스위칭이 가장 많이 일어나고, 그 다음으로 가족 내 교류 중 코드 스위칭이 두 번째로 많이 발생하며, 그 다음으로 조선족 모임과 직장에서 조선족 동료와 많이 발생하며 초면일 경우 가장 적게 발생한다. 화용 장면이 공식적인 장소일 경우 코드 스위칭이 적게 발생하고 가족이나 친구들과의 교류 등 사적이고 비공식적인 경우 코드 스위칭이 자주 발생하는 것으로 나타났다. 이는 한영/영한 코드 스위칭과 다른 경향을 보였다.

2. 조한韩 / 한韩조 이중언어 어휘 코드 스위칭

조한韩/한韩조 이중언어 사용 중 어휘 코드 스위칭은 조선족 언어 사용 중 새로 나타난 코드 스위칭 유형이다. 이는 조선족이 한국을 접하고 한국어 구사 능력이 제고된 것과 직접적인 연관이 있다. 한국어 구사 능력이 점차 향상됨에 따라 이 유형의 코드 스위칭 현상이 더욱 빈번하게 더욱 의식적인 활용으로 나타나게 될 것이다. 언어 능력 조사에서 알 수 있다시피 한국어를 숙련되게 구사할 수 있는 제보자는 소수에 한하며 대부분 제보자의 한국어 실력은 한국어 어조를 모방하거나 한국어에만 있는 어휘를 사용하는 정도에 그쳤다.

조한韓/한韓조 어휘 코드 스위칭에 대해 "한국인 지인과 한국어로 교류 시 조선어 어휘 사용 여부", "한국인 지인과 조선어로 교류 시 한국어 어휘 사용 여부", "조선족 지인과 조선어로 교류 시, 한국어 어휘 사용 여부" 등 세 가지 경우로 조사를 진행하였고 선택항에는 "자주 사용", "가끔 사용", "사용 안함", "이런 상황 없음"등 네 가지 상황을 제시하였다.

이 조사에서 언급한 조선어 어휘와 한국어 어휘에 대한 판단기준은 조선어와 한국어 상대방 언어에서 사용하지 않는 어휘를 판단기준으로 한다. 선택항에 대한 선택 인수는 각각 124명, 92명, 10명, 26명으로 49%, 37%, 4%, 10%를 차지한다. "한국인과 교류 시 될수록 한국어를 사용하려고 합니까"에 대한 조사에서 219명(86%)이 될수록 사용한다고 답하였지만 한국어 구사능력의 제한으로 자주 혼용하는 경우가 49%이고 가끔 혼용하는 경우가 37%로 조선어 어휘를 혼합하여 사용하는 제보자가 37%로 총 86%의 제보자가 코드 스위칭 현상이 존재한다. 직업과 교제 대상에 따라 코드 스위칭에서 빈도의 차이를 보여주고 있다. 한국 기업이나 한국 관련 기업에서 일하는 직장인이나 한국어 수준이 높은 대학생은 한국어 수준이 높은 편으로 코드 스위칭을 가끔 혹은 하지 않는 경우가 많고 그 외 한국과 업무 관련이 없는 직장에 다니는 직장인이나 한국어 구사 능력이 낮은 제보자는 자주 코드 스위칭을 하였다.

"한국인 지인과 조선어로 교류 시 한국어 어휘 사용 여부"에 대한 조사에서 선택항에 대한 선택 인수는 각각 96명, 87명, 10명, 59

명으로 38%, 35%, 4%, 23%를 차지한다. 한국인과 교류 시 대부분 제보자는 될수록 한국어로 소통을 하려고 노력하지만 한국어 구사 능력이 안되는 제보자는 조선어로 소통을 하게 된다. 조선어로 소통을 하는 과정에 상대방에 대한 배려를 나타내기 위해 될수록 본인이 주관적으로 한국어 어휘라고 판단되는 어휘를 혼용하게 된다. 때문에 이 문항 조사 결과에는 제보자의 주관적인 느낌과 판단이 많이 개입되었다고 할 수 있다. 38%가 자주 혼용하고 35%가 가끔 혼용한다고 하였는데 이로부터 73%가 혼용 현상이 존재하고 있다는 것을 알 수 있다. 4%의 제보자가 혼용하지 않는다고 하였는데 대부분이 50대 이상의 제보자로 조선어에 대한 애정이 깊으며 한국어 구사 능력이 낮을 뿐만 아니라 한국어 습득에 대한 적극성도 낮은 편이다. 23%가 이런 상황이 없다고 하였는데 두 가지 경우로 한 가지 경우는 한국인을 접촉할 기회가 없는 제보자이고 다른 한가지 경우는 제보자 본인이 판단하기에 한국어 수준이 높기에 한국인과 조선어로 소통할 이유가 없다고 여겼기 때문이다.

"조선족 지인과 조선어로 교류 시, 한국어 어휘 사용 여부"에 대한 조사에서 선택항에 대한 선택자는 각각 72명, 142명, 38명, 0명으로 29%, 57%, 15%, 0%를 차지한다. 혼용 현상이 존재하는 경우가 86%로 조금 의외의 결과다. 조선족 사이에 조선어로 교류할 때 왜 이렇게 많은 한국어 어휘를 혼용하는지에 대해서 구체적으로 살펴보면 첫째는 의사소통의 요구로 한국어 어휘를 사용하지 않으면 소통을 할 수 없거나 소통이 불편할 때 한국어 어휘를 사용하게 된다. 한국에서 들어온 문화 과련 어휘 등은 한국어에만 존재하는 어휘로 음식, 패션, 예능 등 문화 현상을 언급할 때는 한국어 어휘를 사용하게 되는데 외래어가 많다. 둘째는 의사표현에서 개성과 신선함을 나타내기 위해 한국어 어휘를 의식적으로 혼용하는 경우가 있다. 셋째는 앞에서 조사한 바에 의하면 한국어의 사회적 지위에 대한 평가가 조선어보다 높기 때문에 화자의 사회적 신분이나 지위를 나타내기 위해 의식적으로 사용하는 등 경우다.

교제 장소와 교제 대상도 조한韩/한韩조 어휘 코드 스위칭과 밀접한 연관성을 가지고 있다. 기존의 통계에서 가족과 조선어와 한국어를 사용하는 비율은 82%와 6%였고, 직장에서 조선족 동료와 조선어와 한국어를 사용하는 비율은 70%와 10%였으며, 한국 동료와 조선어와 한국어를 사용하는 비율은 27%와 63%로 다른 민족이 옆에 있을 경우 22%와 58%였다. 조선족 지인의 모임에서 조선어와 한국어 사용 비율은 88%와 7%였고 다른 민족이 옆에 있을 경우 71%와 7%였다. 초면인 조선족과 초면인 한국인과 조선어와 한국어 사용 비율은 각각 74%와 7%, 22%와 76%였다. 조선어와 한국어 사용 비율의 합(88%, 80%, 63%, 90%, 90%, 95%, 78%, 81%, 98%)을 구하는 방식으로 교제 상황과 교제 대상 별 코드 스위칭 빈도를 비교해 볼 수 있다. 빈도가 높은 것에서 낮은 것으로 배열을 해 보면 초면인 한국인과 교류 할 때, 조선족 모임 장소, 직장에서 한국 동료와, 가족과 교류 시, 초면인 조선족과, 직장에서 조선족 동료와, 타민족이 옆에 있을 경우 등 순서다. 한국인과 교류할 때 조선족과 교류 할 때보다 조한韩/한韩조 어휘 코드 스위칭이 더 빈번하게 발생하는데 조한汉/한汉조 어휘 코드 스위칭은 교제 장소의 정식여부과 밀접한 연관성이 있다면 조한韩/한韩조 어휘 코드 스위칭은 교제 대상과 밀접한 연관성이 있다.

3. 어휘 코드 스위칭의 심리적 요인

어휘 코드 스위칭의 심리적 요인 분석을 위해 "의식적인 혼용", "무의식적인 혼용", "대답 불가" 등 선택항을 제시하고 제보자가 자기 성찰을 통해 본인이 혼용을 할 때의 심리적 과정을 회상하여 답하도록 하였다. 본 조사에서는 앞에서 언급한 두 가지 유형의 어휘 코드 스위칭을 포함하여 진행하였다. 선택항에 대한 선택자는 66명, 211명, 7명으로 26%, 84%, 3%를 차지하는데 대부분이 무의식적인 혼용이었다. 무의식적인 혼용은 이미 생활에서 관습적인 표현 방식이 되어 교류의 편리를 위해 하게 되며 혼용을 하지 않으면 표현에 어려움이 있는 경우다. 의식적인 혼용은 일정한 교제 목적 하에 사용되는 것으로 대응되는 교제 목적이 따른다. 예를 들어 초면일 경우 보통 한어로 교류를 하는데 교류 중 상대방이 조선족인 것을 알게 되면 의식적으로 조선어 어휘를 혼용하여 상대방에게 화자도 같은 조선족임을 나타내어 교제 거리를 좁힌다. 또 예를 들면 조선족 지인이 서로 교류를 할때 화자 중 한국에서 생활했던 경력이 있으면 습관적으로 혹은 본인의 생활 경력을 나타내기 위해 한국어 어휘를 혼용하게 된다. 어휘 혼용에서 의식적인 경우와 무의식적인 경우가 공존하며 조한汉/한汉조 어휘 코드 스위칭에 무의식적인 경우가 많은 반면 조한韩/한韩조 어휘 코드 스위칭에는 의식적인 경우가 더 많은 것으로 나타났다. 그 원인을 분석해 보면 조선족의 조선어와 한어 수준이 보편적으로 한국어에 비해 높은 편이므로 조한汉/한汉조 어휘 코드 스위칭이 존재한 시간이 더 길고 언어생활에 관습적으로 자리잡게 되었으며 조한韩/한韩조 어휘 코드 스위칭은 한국어 수준의 제고와 더불어 후에 나타난 코드 스위칭 유형으로 언어 수준이 무의식적인 관습 정도에까지 이르지는 못하였고 의도적으로 일정한 목적 하에 사용된다. 하지만 한국어 수준이 높아지면서 무의식적인 경우가 늘어날 것으로 추측되며 점차 무의식적인 경우가 의식적인 경우를 초과할 것이고 그런 상태에서 공존할 것이다.

어휘 코드 스위칭의 목적을 알아보기 위해 "표현의 편리를 위해", "특별한 표현의 수요를 위해", "혼용하지 않으면 표현을 할 수 없기 때문에", "명확한 목적이 없이", "대답 불가" 등 경우를 제시하였다. 선택 항의 선택 인수는 각각 174명, 75명, 71명, 58명, 4명으로 69%, 30%, 28%, 23%, 2%를 차지한다. "표현의 편리를 위해", "혼용하지 않으면 표현을 할 수 없기 때문에", "명확한 목적이 없이" 등 세 가지 선택항은 기본적인 교제 수요로 무의식적인 혼용으로 판단할 수 있다. "특별한 표현의 수요를 위해"는 기본 교제 외의 특수한 목적을 위한 것으로 의식적인 혼용으로 볼 수 있다. 위 숫자에서 무의식적이고 기본 교제 목적을 위한 혼용이 주도적인 위치를 차지하고 있고 의식적인 혼용이 보충적인 역할을 하고 있다.

어휘 혼용에 대한 화자의 태도가 혼용 현상의 발전 추세에 영향을 미칠 수 있다는 예측 하에 태도 조사를 목적으로 "언어 사용 중의 정상적인 현상이다", "언어 사용 중의 무의식적인 현상이다", "언어 사용 중의 의식적인 현상이다", "듣기 불편하므로 될수록 혼용을 하지 말아야 한다", "혼용이 자주 발생하면 언어 순결성에 영향을 준다", "대답 불가" 등 선택항을 제시하였는데 선택자는 각각 108명, 154명, 13명, 55명, 56명, 5명으로 43%, 61%, 5%, 21%, 22%, 1%를 차지한다. 언어 사용 중의 정상적인 현상이라고 여기는 제보자가 43%이고 무의식적인 관습적인 언어 현상이고 여기는 제보자가 61%로 가장 많았다. 이것은 언어 혼용에 대한 가장 기본적이고 발전 방향을 제시할 수 있는 관점이라고 할 수 있다. 5%의 제보가 의식적인 언어 현상이라고 여기고 있는데 이는 위에서 언급 했던 것처럼 특별한 의사소통 목적으로 사용되는 혼용은 역시 적은 경우임을 알 수 있다. 이 세 평가는 긍정적인 평가로 혼용에 대한 인정을 타나낸다. 21%가 될수록 피면해야 하고 22%가 언어 순결성에 영향을 준다는 소극적인 평가를 하였다. 긍정적인 평가와 소극적인 평가를 비교해 볼 때 긍정적인 평가가 우세를 차지하고 있으며 이로부터 이런 언어 현상이 장시간 지속적으로 존재할 것으로 예상된다. 태도와 연령 사이의 연관성을 보면 연령대가 낮을수록 더욱 오픈된 언어 태도를 가지고 있었고 언어 혼용에 대해 긍정적이었고 연령대가 높을수록 보수적인 언어 태도를 가지고 소극적인 평가를 하는 경향을 보였다.

4. 조한汉 / 한汉조 이중언어 문장 코드 스위칭

어휘 코드 스위칭이 부분적인 전환 혹은 혼용이라면 문장을 단위로 진행되는 전용 또는 혼용은 전체적인 전용으로 문장 코드 스위칭이라고 할 수 있다. 조선족의 언어생활에서 문장 코드 스위칭도 어휘와 마찬가지로 "조선족 지인과 조선어로 교류 시 한어 문장 전용 여부", "조선족 지인과 한어로 교류 시 조선어 문장 전용 여부", "한족 지인과 한어로 교류 시 조선어 문장 전용 여부" 등 세 가지 경우로 조사를 진행하였고 선택항에는 "자주 사용", "가끔 사용", "사용 안함"을 제시하였다.

"조선족 지인과 조선어로 교류 시 한어 문장 전용 여부"에 대한 조사에서 선택항에 대한 선택자는 각각 93명, 131명, 28명으로 37%, 52%, 11%를 차지한다. 89%의 제보자가 문장 전용 현상이 있으며 11%가 전용을 하지 않는데 그 이유는 어휘 혼용과 비슷하다. 어휘 전용은 91%로 문장 전용보다 비율이 조금 높은 편이다. 그리고 "자주 사용"에서 어휘가 25% 더 많으며 "사용 안함"에서 문장보다 2% 낮다. 이로서 어휘 혼용이 문장 전용에 비해 더욱 보편적으로 나타나고 있는데 문장 전용이 언어 구사 능력에 대한 요구가 어휘 혼용보다 높은 것도 이유가 되겠지만 화용 실천에서 어휘가 더 쉽고 편리하게 혼용할 수 있는 특징도 감안을 해야 한다.

"조선족 지인과 한어로 교류 시 조선어 문장 전용 여부"에 대한 조사에서 선택항 별 선택자는 74명, 131명, 47명으로 29%, 52%, 19%를 차지한다. 혼용이 존재하는 비율이 81%로 어휘 혼용과 비슷하게 조한汉 이중언어 중의 전용이 한汉조 이중언어보다 더 보편적이다. 어휘 혼용과 비교를 해보면 어휘 혼용에 비해 18% 낮고 전용을 안 하는 경우가 10% 더 많다. 그 구체적인 이유는 위 경우와 비슷하다.

"한족 지인과 한어로 교류 시 조선어 문장 전용 여부"에 대한 조사에서 선택항 별 선택자는 19명, 66명, 167명으로 8%, 26%, 66%를 차지한다. 코드 스위칭 현상이 일어나는 제보자가 34%로 대부분 어휘 혼용과 마찬가지로 화자의 정서나 감정 표현을 위주로 진행되는 혼잣말 형식으로 나타났다.

설문지에 대한 분석을 통해 성별, 연령, 학력 등 요소들이 코드 스위칭과 직접적인 연관성을 가지고 있지 않음을 알 수 있다. 인터뷰를 통해 북경에 오기 전 잡거지역이나 산거지역에서 생활했던 조선족은 한어 수준이 높은 편으로 일상생활에서 한어를 자주 사용하며 이로 인한 조한汉/한汉조 코드 스위칭이 보편적으로 나타난다. 교제 장소와 교제 대상은 조한汉/한汉조 어휘 코드 스위칭과 밀접한 연관성을 가지고 있는데 다른 민족이 옆에 있는 모임장소에서 조한汉/한汉조 코드 스위칭이 발생하는 비율이 제일 높고 그 다음으로 가족과의 교류에서 나타나며 본민족 모임과 본민족 동료 사이에서 비율이 순차적으로 나타난다. 비율이 제일 낮은 것은 타민족 동료와 교류할 때와 초면일 경우다. 다른 민족이 옆에 있을 경우는 교류의 편리를 위해 코드 스위칭을 하지만 직장이나 공식적인 장소에서는 될수록 피하고 있다. 구체적으로 보면 회의, 인터뷰, 강의 등 장소에서는 한어나 조선어를 사용하고 코드 스위칭이 발생하는 경우가 적은 반면 일상적인 가정 생활 중에서, 친구와 사적인 대화에서, 지인과의 모임 등 비공식적인 장소에서는 코드 스위칭이 아주 보편적으로 일어난다.

5. 조한韩 / 한韩조 이중언어 문장 코드 스위칭

이 부분에서도 "한국인과 한국어로 교류 시 조선어 문장 전용 여부", "한국인과 조선어로 교류 시 한국어 문장 전용 여부", "조선족과 조선어로 교류 시 한국어 문장 전용 여부" 등 세 가지 경우로 조사를 진행하였고 선택항에는 "자주 사용", "가끔 사용", "사용 안 함"을 제시하였다. "한국인과 한국어로 교류 시 조선어 문장 전용 여부"에 대한 조사에서 선택항 별 선택자는 각각 55명, 150명, 47명으로 22%, 60%, 19%를 차지한다. 코드 스위칭 현상이 존재하는 비율이 82%로 조한汉 코드 스위칭에 비해 7%가 적고 한汉조 코드 스위칭에 비해 1%가 많은 편으로 한韓조 문장 코드 스위칭도 아주 보편적임을 알 수 있다. 어휘 혼용에 비해서는 4% 적다.

"한국인과 조선어로 교류 시 한국어 문장 전용 여부"에 대한 조사에서 선택항 별 선택자는 각각 60명, 132명, 60명으로 24%, 52%, 24%이며 76%가 코드 스위칭 현상이 존재한다. "조선족과 조선어로 교류 시 한국어 문장 전용 여부"에 대한 조사에서 선택항 별 선택자는 각각 33명, 140명, 79명으로 13%, 56%, 31%로 69%가 코드 스위칭을 진행한다. 한국인과 조선어로 교류할 때보다 7% 낮은데 이는 조선족의 한국어 수준과 연관이 있다. 교제 장소와 교제 대상에 관한 연관성은 조한汉/한汉조 어휘 코드 스위칭과 비슷한 양상을 나타내고 있었는데 통계 숫자에서 알수 있다시피 한국인과 초면일 경우에 조한韓/한韓조 코드 스위칭이 가장 빈번하게 일어나고 본민족 모임에서 두 번째로 많이 나타나며 직장에서 한국인 동료와 그리고 가족과의 교류에서, 초면인 조선족과, 직장에서 조선족 동료와의 순으로 비율이 줄어들며 직장에서 다른 민족이 옆에 있을 경우 코드 스위칭이 가장 적게 일어난다.

한국인과 교류 할 때 조한韓/한韓조 코드 스위칭이 조선족 사이에 교류할 때보다 더 빈번하게 나타난다. 조한韓/한韓조 코드 스위칭은 교제 장소의 정식여부와 연관성이 크다면 조한韓/한韓조 코드 스위칭은 교제 대상과 연관성이 크다.

6. 문장 코드 스위칭의 심리적 요인

문장 코드 스위칭의 심리적 요인 분석도 어휘 코드 스위칭의 심리적 분석과 마찬가지로 코드 스위칭 발생 시 의식적인 행위여부와 목적 그리고 태도 등 세 부분에 대해서 조사를 하였다. 의식적인 행위 여부에 대해서 "의식적인 혼용", "무의식적인 혼용", "대답 불가" 등 선택항을 제시하고 제보자가 자기 성찰을 통해 답하도록 하였다. 선택항 별 선택자는 각각 88명, 193명, 18명으로 35%, 77%, 7%를 차지한다. 문장 코드 스위칭에서 의식적인 것과 무의식적인 경우가 동시에 존재하며 무의식적인 경우가 절대적 우위를 차지한다. 어휘 혼용에 비해 의식적인 경우가 11% 많고 무의식적인 경우가 7% 적다. 이는 문장 코드 스위칭을 교제 책략 또는 수단으로 의식적으로 사용하는 비율이 어휘 혼용보다 높다는 것을 알 수 있다. 문장 코드 스위칭이 무의식적인 기본 교제를 위한 어휘 혼용에서 점차 의식적인 교제 수단으로 업그레이드되고 있다고 분석할 수 있다.

 사용 목적에 대한 조사에서 "표현의 편리를 위해", "특별한 표현의 수요를 위해", "혼용하지 않으면 표현을 할 수 없기 때문에", "명확한 목적이 없이", "대답 불가" 등 경우를 제시하였다. 선택항 별 선택자는 각각 155명, 66명, 56명, 51명, 18명으로 62%, 26%, 22%, 20%, 7%를 차지한다. "표현의 편리를 위해", "특별한 표현의 수요를 위해", "명확한 목적이 없이" 이 세 선택항은 기본적인 교제 요구에 대한 것으로 무의식적인 경우로 볼 수 있고, "특별한 표현의 수요를 위해"는 일정한 교제 목적하의 의식적인 경우로 볼 수 있다. 문장 코드 스위칭 전반을 보면 무의식적인 기본 교제를 목적으로 하는 경우가 대부분으로 소수는 특수한 목적하에 코드 스위칭을 하게 된다. 어휘 혼용과 비교를 해보면 기본적으로 상황이 비슷하다

 문장 코드 스위칭에 대한 태도를 알아보기 위해 "언어 사용 중의 정상적인 현상이다", "언어 사용 중의 무의식적인 현상이다", "언어

사용 중의 의식적인 현상이다", "듣기 불편하므로 될수록 혼용을 하지 말아야 한다", "혼용이 자주 발생하면 언어 순결성에 영향을 준다", "대답 불가" 등 선택항을 제시하였는데 선택자는 각각 105명, 144명, 26명, 68명, 52명, 11명으로 42%, 57%, 10%, 27%, 21%, 4%이다. 코드 스위칭이 언어 사용 중 정상적인 현상이라고 여기는 제보자가 42%이고 무의식적인 현상으로 언어 사용 중 피면할 수 없는 현상이라고 여기는 제보자가 57%이며 10%가 의식적인 현상이라고 하였는데 이 세 선택항은 모두 긍적적인 태도로 문장 코드 스위칭의 존재 합리성을 인정하였다. 반면 48%가 부정적인 태도를 가지고 있었는데 27%가 될수록 피해야 한다고 하였으며 21%가 언어의 순결성에 영향을 준다고 하였다. 긍정적인 태도와 부정적인 태도를 비교해 보면 109%와 48%로 긍정적인 태도가 부정적인 태도에 비해 절대적인 우위를 차지하고 있다. 문장 코드 스위치에 대한 태도는 어휘 혼용에 대한 태도와 비슷한 경향을 보이고 있는데 연령과 연관성을 가지고 있는데 연령대가 젊을 수록 긍정적인 태도를 가지고 있고 언어생활에서 문장 코드 스위칭을 더욱 보편적으로 사용하였다.

조한汉/한汉조와 조한韩/한韩조 두 언어 사이의 코드 스위칭과 어휘 및 문장의 코드 스위칭에 대한 분석을 통해 아래와 같은 총화를 해 볼 수 있다.

첫째, 조한汉/한汉조와 조한韩/한韩조 이중언어 사이의 어휘 및 문장 코드 스위칭은 이미 북경 조선족 언어생활에서 중요한 형식으로 자리 잡았으며 조선족 언어생활에서 없어서는 안 될 중요한 부분이다.

둘째, 언어 별 네 가지 유형의 코드 스위칭에서 조한汉 이중언어 코드 스위칭 빈도가 제일 높고 그 다음으로 한汉조 이중언어 코드 스위칭이며 조선족은 오래동안 조선어와 한어 이중언어생활을 해왔기 때문에 조한汉/한汉조 이중언어 코드 스위칭이 조선족 언어생활에서 가장 오래되고 제일 중요한 자리를 차지한다.

셋째, 조한韩/한韩조 이중언어 코드 스위칭은 새로 나타난 코드 스위칭 유형으로 현재 빈도는 한汉조 코드 스위칭과 비슷한 빈도를 보이고 있는데 추가되는 발전 추세를 보이고 있다.

넷째, 조한汉/한汉조 코드 스위칭은 교제 장소의 정식 여부와 관련이 있고 조한韩/한韩조 코드 스위칭은 교제 대상과 관련이 있다.

다섯째, 네 가지 유형 코드 스위칭에 대한 태도에서 대부분 제보자가 긍정적인 태도를 보였고 연령과 연관성을 보였는데 연령대가 어릴수록 더욱 적극적이었다. 이를 통해 코드 스위칭의 향후 발전 추세를 가늠해 볼 수 있다.

여섯째, 코드 스위칭 과정에서 문장 코드 스위칭의 무의식적인 경우가 어휘 혼용보다 낮고 의식적인 경우가 높은 경향을 보이는데 문장 코드 스위칭은 어휘 혼용보다 화자의 언어 수준에 대한 요구가 더 높다.

7. 코드 스위칭의 기능 분석

화자의 화용 과정에는 항상 교제 목적이 따르기 마련이다. 이런 교제 목적을 실현하기 위하여 여러 가지 교제 수단을 사용하게 되는데 코드 스위칭은 교제 수단의 하나다. 앞에서 조선족 언어생활에 존재하는 코드 스위칭을 유형 별로 살펴보았는데 그 기능은 크게 기본 교제 기능과 특수 교제 기능으로 나눌 수 있다. 기본 교제 기능이란 기본적인 교제 수요를 만족시키기 위해 사용하게 되는 무의식적인 코드 스위칭을 말하는데 코드 스위칭을 하지 않으면 교제를 완성할 수 없거나 완성하기 어려운 경우를 말한다. 특수 교제 기능은 기본적인 교제를 실현한 기초 위에 더욱 충분한 다차원의 교제를 위해 의식적으로 사용하는 코드 스위칭을 가리킨다. 기본 교제에는 편리 기능, 회피 기능, 복언 기능 등이 포함되며 특수 교제에는 관계 조절 기능, 표시 기능, 인용 기능, 강조 기능 등이 포함된다.

기본 교제 기능과 특수 교제 기능에 대해 구체적으로 살펴보도록 하겠다.

1) 기본 교제 기능

(1) 편리 기능

편리 기능은 코드 스위칭의 가장 중요하고 기본적인 기능으로 북경 조선족 코드 스위칭 목적에 대한 조사에서도 대부분은 교제의 편리를 위해서 진행한다고 밝혔다. 코드 스위칭은 교제에서 의미 전달을 위한 것으로 화자가 교제 중 언어로 표현하기 어려운 어휘나 표현하고 싶은 어휘가 갑자기 떠오르지 않을 경우 표현을 더욱 편리하게 하고 의미 전달을 잘 할 수 있는 다른 언어 형식을 취하게 된다. 다른 경우는 서로 다른 교제 언어를 사용하는 교제 대상과 동시에 교류를 할 경우 교제의 편리를 위해서 서로 다른 언어 간 코드 스위칭을 진행하게 된다. 설문 조사 결과에서도 보면 타민족이 옆에 있는 직장이나 모임에서 본민족의 모임보다 코드 스위칭이 더 빈번히 일어난다는 결과였다. 편리 기능은 언어 사용 습관과 밀접한 관계를 가지고 있는데 본 조사에 의하면 화자의 3/4 이 관습적으로 무의식적으로 코드 스위칭을 사용하게 된다고 하였다.

(2) 회피 기능

　회피 기능은 조한汉, 한韩조 이중언어 코드 스위칭에서 다른 유형에 비해 많이 나타는데 이는 조선어와 한국어의 문법 체계에서 대우법의 발달과 관련이 된다. 조선어와 한국어는 대우법 중 경어법이 발달된 언어로 경어법을 숙지 못하면 화용에서 실수를 초래할 수 있기에 언어 사용의 부담감을 높여준다. 조한汉 이중언어에서 상대방이 한어를 구사할 수 있으면 조선어로 소통하면서 경어법을 사용해야 할 경우 한어로 전용을 하는 경우가 있다. 마찬가지로 한(韩)조 이중언어에서 상대방이 조선어 구사가 가능하면 한국어로 소통하는 과정에 한국어 경어법이나 완곡적인 표현 형식에 부담을 갖게 될 경우 조선어로 전용하는 경우가 있다. 그 외에 초면일 경우 조선어나 한국어 사용에서 경어법을 사용해야 하기 때문에 한어를 선용하다가 언어 사용 형태를 확인 할 수 있으면 다시 조선어나 한국어로 소통을 하게 된다. 이는 화자 상대방의 지위나 신분 등이 명확하지 않을 경우에 사용하는 일종의 모호책략이라고 할 수 있다. 또 가끔 비밀 유지를 위해 청자나 교제 장소에 있는 제3자와 정보를 공유하지 않기 위해 교제자들 사이만 소통할 수 있는 언어를 선용하게 된다.

(3) 복언复言 기능

　복언이란 교제 중 관점이나 정보를 두 가지 언어로 중복해서 표현하는 것을 말한다. 이런 중복은 문장 중복, 의미 중복, 단어 중복 등 여러 가지 형식이 있는데 해석과 강조 두 가지 목적을 가지고 있다. 조선어, 한국어, 한어는 서로 다른 언어이고 그 이면에는 서로 다른 문화가 뒷받침되어 있기에 개념이나 의미 그리고 표현 등에 여러 가지 차이점이 있기 마련이다. 이런 차이점을 보완하기 위해 코드 스위칭을 사용하여 해석을 목적으로 하는 중복을 하게 된다. 강조를 위한 중복에는 여러 가지 형식이 있는데 화자가 어떤 정보나 의미를 강조하기 위하여 이중언어로 중복을 하게 되는데 이것은 수사법 성격을 지닌 코드 스위칭이라고 할 수 있다. 해석과 강조를 목적으로 하는 코드 스위칭은 기본적인 교제를 기반으로 교제를 업그레이드하는 역할을 한다.

2) 특수 교제 기능

(1) 관계 조절 기능

관계 조절 기능은 역할 관계 조절과 심리 관계 조절 두 가지를 포함한다. 역할 관계와 심리 관계는 사람들이 공동 사회실천 속에서 형성된 관계다. 역할 관계는 모든 교제 활동의 참가자가 사회 구조와 사회생활 중에서 맡게 된 역할로 형성된 관계다. 사람들은 부동한 역할에 따라 부동한 언어 코드를 사용하게 된다. 심리 관계는 상호 관계에서 피차 심리상의 근접 정도로 감정이나 정서 등 심리적 요인에 의해 결정된다. 교제 활동에서 교제에 참석하는 화자는 일정한 역할을 담당하게 되는데 구체적인 역할은 화자 쌍방이 사회생활에서의 신분에 의해 결정된다. 사람들은 코드 스위칭을 통해 관계 스위칭을 나타내려는 경향을 보이며 마찬가지로 교제 역할의 스위칭이 발생하였을 때 적시에 코드 스위칭을 진행하여 새로운 역할에 적응하고자 한다. 만약 이런 적시적인 조절을 진행하지 않으면 원활한 소통을 할 수 없거나 아예 소통을 할 수 없는 경우도 발생한다. 언어 변이체는 서로 다른 역할 관계를 나타낼 수 있다. 조선어, 한국어, 한어는 문법적 범주가 서로 다를 뿐만 아니라 화용적 사회적 범주도 서로 다르며 구사하는 언어에 따라 서로 다른 역할을 나타낼 수 있으며 반대로 교제에서 역할의 변화는 코드 스위칭의 중요한 요인이 된다.

심리관계는 사람들의 상호 관계에서 심리상의 친근정도를 가리키는데 호감이나 감정, 정서, 인지도 등 심리적 요소에 의해 결정된다. 코드 스위칭은 교제 과정에서 관계 설립, 유지, 친근, 소원 등 부동한 관계 상태를 나타내며 교제 쌍방의 심리적 거리를 나타낸다. 조선족의 언어생활에서 조선어는 일반적으로 "친절 혹은 존중"과 관련되어 있고 한국어는 "듣기 좋거나 사회적 지위가 높은" 언어로 평가되어 있으며 한어는 "표현이 간결하고 정식적인 경우 사용" 하는 언어로 평가되어 있다. 예를 들어 조선족 사이에 조선어로 교류할 때는 친근함을 표시하려는 목적이 있으며 일부로 한어를 사용할 경우는 거리감을 두기 위한 소원이 목적이다. 조선족 사이에 한국어로 교류할 때는 화자의 사회적 지위를 높이려는 목적이 있으며 조선족이 한국인과 한국어로 교류할 때는 친절과 존중을 나타내기 위해서이다.

(2) 표시 기능

표시는 사회적 지위의 표시로 부동한 언어 그룹은 부동한 언어 특징을 가지고 있다. 어떤 언어 그룹에 소속되어 있는 개체는 개인의 언어적 특징을 가지고 있는 동시에 소속된 그룹의 언어적 특징을 가지고 있기 마련이다. 때문에 개체의 언어적 행위는 개체의 출신 또는 생활 지역, 사회적 지위, 문화적 배경 심지어 경제 상황과 견식을 판단하는 의거가 되기도 한다.

이론적으로 모든 언어는 평등하며 조선어, 한국어, 한어도 마찬가지로 우열을 가릴 수 없으며 그 언어를 사용하는 화자에게는 나름대로 가장 편리한 소통과 사유의 도구이다. 하지만 다른 측면에서 볼때 사회가 언어에 첨가된 가치 즉 사회적 가치를 무시할 수 없다. 한어는 전 국민이 사용하는 표준어로서 화용 영역은 고급영역에(高域) 속하며 교육, 정부, 직장 등 영역에서 주로 사용된다. 조선어는 조선족의 민족언어로 주로 저급영역에 속하며 가족 내에서나 사적인 모임에서 주로 사용된다. 한국어는 조선족이 새로 접하게 된 언어로 고급영역과 저급영역에서 모두 사용되며 상당히 높은 사회적 가치를 가지고 있으며 고급변이체로 인정되고 있다. 때문에 이 세 언어의 사용과 코드 스위칭은 화자의 부동한 사회적 지위와 견식을 나타낼 수 있다.

코드 스위칭의 표시 기능은 지속적인 변화 발전을 거듭하고 있다. 80년대 사람들은 조선어와 한어 사이에서 발생하는 코드 스위칭을 무례한 언어 행위로 여겼지만 현재에 와서는 언어생활에 관습적으로 존재하는 정상적인 현상이라고 인정한다. 북경 조선족의 코드 스위칭에 대한 조사를 통해 조선족 사이에 의식적으로 한국어 코드 스위칭을 하여 화자의 사회적 지위를 높이려는 경향을 보이면 상대방의 불쾌함을 자아낼 수 있다. 조선족의 한국어 수준이 향상되면서 이런 표시 기능이 점차 줄어 들어들 것으로 예측된다.

(3) 인용 기능

교제 중 정보의 정확성을 유지하고 언어 표현의 생동성을 위해 인용을 사용하게 된다. 인용은 직접적인 인용, 간접적인 인용 또는 해석식 인용으로 나눌 수 있으며 인용의 정도에 따라서 부분 인용과 전체 인용으로 나눈다. 정확성과 생동성을 위해 언어 차이로 인해 전달할 수 없는 내용을 중복 즉 인용하는 방식으로 표현하게 되는데 이것도 코드 스위칭의 기능에 속한다.

    조선족의 코드 스위칭은 다양한 기능을 위해 다양한 형식으로 존재하며 원활한 교제를 실현하는 데 없어서는 안 될 언어형식이다.

제7장
기존 연구에 기반한 후속 조사 연구

 2007년에 북경 조선족 언어 사용 실태 및 코드 스위칭에 대한 설문 조사를 바탕으로 앞부분의 연구를 진행하였고 십여 년이 지나서 같은 주제와 목적으로 2020년에 북경 조선족의 언어 사용 및 코드 스위칭에 대한 변화를 알아보기 위해 후속적인 조사와 연구를 진행하였다.

1. 설문 조사 목적 및 방법

 사회언어학에서는 사회 환경에서 실제로 사용되고 있는 빠롤을 언어 분석의 자료로 삼아야하고 언어 사회 단체에서 신뢰성 있는 자료를 수집해야 한다고 주장한다. 본 연구에서는 북경시 조선족 언어 사용 실태 조사를 통해 언어 사용 중 나타나는 코드 스위칭에 대해 분석하였다. 북경지역 조선족을 대상으로 설문 조사를 통해 '조사 제보자 기본 인적 상황, 언어 습득 상황, 언어 사용 상황, 언어 태도, 언어 사용 중 코드 스위칭 현상' 등 다섯 개 부분에 대해 데이터를 수집·정리·분석하였다.

언어 사용 중 코드 스위칭 현상 분석에 앞서 코드 스위칭의 관련 요소로 작용할 수 있는 기반 데이터에 대한 정리 및 분석을 진행하고자 한다. 본 설문 조사의 설문지는 총226부로, 그 중 유효 설문지가 163부이다.[1)]

2. 제보자 기본 현황

제보자 기본 상황에 관해서는 민족, 성별, 연령, 출생지, 직업, 학력, 유학 및 외국 생활 경험 유무, 타민족과의 통혼에 대한 태도 등 기본 상황과 타민족과의 접촉에 대한 태도를 조사하였다. 조사자의 민족은 조선족으로, 거주지는 북경으로 제한하였다.

〈표 21〉은 설문 A1에서 A6까지에 대한 데이터로, 구체적으로 보면 A1성별은 거의 반반으로 성별의 균형이 이루어졌고, A3연령은 25세에서 65세까지 인원수가 모두20명을 넘었고 24세 이하가 적은 편인데 연령대는 20대에서 60대에 집중되었다. A4출생지는 길림성이 제일 많고 내몽골자치구, 북경시 그리고 기타 지역은 10명이 안 되었다. A5직업은 국유 기업이나 직장에서 일하는 사람이 제일 많았고 회사직원이 두 번째로 많았다. A6학력은 대부분 대졸 혹은 이상으로 높은 학력을 보여주고 있다. 그 원인을 보면 북경에서 거주하는 조선족은 대부분 대학을 졸업하고 취직을 북경에서 하면서 북경에 거주하기 때문에 학력이 보편적으로 높았다. A2가족 성원 중 타민족 존재 여부에 관한 설문에서 15.34%가 가족 성원 중에 타민

---

1) 설문지 조사는 앱을 통해 진행하였고, 거주지가 북경 지역이 아닌 설문지와 설문 조사 제보자가 조선족이 아닌 설문지는 무효 처리를 하였음을 미리 밝혀둔다.

〈표 21〉 조사 제보자 기본 인적 상황

종목	선택 내용	인원수(명)	비례(%)
A1.성별	여	84	51.53
	남	79	48.47
A2.가족 성원 중 타민족 존재 여부	1. 없음	138	84.66
	2. 있음	25	15.34
A3.연령	2. 18-24세	1	0.61
	3. 25-35세	25	15.34
	4. 36-45세	18	11.04
	5. 46-55세	45	27.61
	6. 56-65세	48	29.45
	7. 66세 이상	22	13.5
A4.출생지	1. 흑룡강성	37	22.7
	2. 길림성	96	58.9
	3. 요녕성	25	15.34
	4. 내몽골자치구	1	0.61
	5. 북경시	2	1.23
	6. 기타 지역	2	1.23
A5직업	1. 학생	26	15.95
	2. 공무원	1	0.61
	3. 기업 및 사업체	70	42.94
	4. 영세영업자	8	4.91
	5. 회사원	31	19.02
	6. 프리랜서	10	6.13
	7. 기타	17	10.43
A6.학력	1. 대학 및 이상	152	93.25
	2. 전문대	4	2.45
	3. 고등학교	4	2.45
	4. 중학교	2	1.23
	5. 초등학교	1	0.61

족 성원이 존재하였고 타민족 가족 성원을 구체적으로 조사해본 결과 배우자가 56%로 가장 많았다. 가족 성원 중 타민족의 존재 여부가 코드 스위칭에 대한 영향 여부는 뒷부분에서 상관성 분석을 통해 제시하고자 한다.

〈표 22〉 제보자 유학 경력 및 타민족과의 통혼에 대한 태도 조사

종목	선택 내용	인원수(명)	비례(%)
A7. 외국 생활 경험 유무	없음	76	46.63
	있음	87	53.37
A8. 조선족과 타민족 통혼에 대한 태도	1. 제창하여야 함	0	0
	2. 존중해야 함	69	42.33
	3. 받아들일 수 있음	77	47.24
	4. 상관없음	12	7.36
	5. 받아들일 수 없음	4	2.45
	6. 대답 불가	1	0.61
A9. 조선족과 한국인 통혼에 대한 태도	1. 제창하여야 함	0	0
	2. 존중해야 함	59	36.2
	3. 받아들일 수 있음	78	47.85
	4. 상관없음	23	14.11
	5. 받아들일 수 없음	2	1.23
	6. 대답 불가	1	0.61

외국 생황 경험 유무가 제보자의 언어생활에 영향을 미치기에 외국 유학 생활 경험 유무를 조사한 결과 53.37%의 조사 제보자가 외국 유학 및 생활 경험을 가지고 있었으며 더 구체적인 조사를 통해 한국 유학 및 생활 경험자가 79.31%로 가장 많았고 그 다음으로 기타 나라가 14.95%이었으며 조선은 5.75%였다. 한국 유학 및 생활 경

험자는 언어생활에서 한국의 영향을 많이 받게 되며 한국어 구사 능력의 제고와 더불어 조선어-한국어 코드 스위칭도 충분히 일어나게 된다. 조선족과 타민족 간의 통혼에 대한 태도를 보면 타민족과 한국인과의 통혼에 대해 크게 다른 반응을 보이지 않았으며 대부분 조사 제보자는 존중해야 하거나 받아들일 수 있다는 선택을 하여 통혼에 대해 비교적 개방적인 태도를 가지고 있었다. 타민족과의 통혼에 대한 태도를 통해 민족 접촉과 화합의 추세를 파악해 볼 수 있으며 통혼은 가족 언어 및 전반 사회의 언어생활에 영향을 미치게 된다.

3. 언어 습득 및 사용 현황 조사

1) 제보자 언어 습득 현황 조사

이 부분에서는 제보자의 언어 습득 상황에 대해서 조사를 하였는데 조선어와 한국어의 습득 시기, 습득 방식과 가족 구성원 간 소통 시 언어 선택 및 언어 구사 능력에 대해 조사를 진행하였다.

〈표 23〉에서는 B1에서 B7까지 조선어의 기본 습득 상황 그리고 구사 능력에 대해서 조사를 진행하였다. 구체적으로 보면 90%이상의 조선족이 제1언어가 조선어이며 입학 전 가정에서 부모나 보호자와의 교류에서 90%이상이 조선어를 사용한다. 하지만 현재는 71.78%로 줄었고 대신 한어가 대폭 증가해 조선어와 비슷한 수준이며 한국어가 증가세를 보이고 있다. 이는 조선족 언어 사용 실태의 다양화와 코드 스위칭의 실현을 위한 언어적 기반이 된다. 조선어 습득 시기를 보면 92.31%가 입학 전에 가정에서 습득을 하였으며

〈표 23〉 제보자 조선어 습득 현황

종목	선택 내용	인원수(명)	비례(%)
B1.초등학교 입학 전 가장 먼저 배운 언어	1. 조선어	147	90.18
	2. 한어(표준어)	40	24.54
	3. 한국어	7	4.29
	4. 기타	1	0.61
B2. 초등학교 입학 전, 부모님(보호자)과 교류 할 때 사용하는 언어	1. 조선어	148	90.8
	2. 한어(표준어)	27	16.56
	3. 한국어	6	3.68
	4. 기타	1	0.61
B3.현재 부모님 (보호자)과 교류 할 때 사용하는 언어	1. 조선어	117	71.78
	2. 한어(표준어)	100	61.35
	3. 한국어	9	5.52
	4. 기타	5	3.07
B4.조선어 습득 시기	1. 입학 전	108	92.31
	2. 초등학교 때	42	35.9
	3. 중학교 때	30	25.64
	4. 대학교 때	15	12.82
	5. 취직 후	5	4.27
B5조선어 듣기 수준	1. 완전히 알아들음	112	95.73
	2. 기본적으로 알아들음	5	4.27
	3. 일상용어만 알아들음	0	0
	4. 간단한 일상용어만 알아들음	0	0
	5. 알아듣지 못함	0	0
B6.조선어 말하기 수준	1. 숙련되게 교류 가능함	114	97.44
	2. 기본적인 교류 가능함	3	2.56
	3. 일상 회화 가능함	0	0
	4. 간단한 일상 회화 가능함	0	0
	5. 말할 수 없음	0	0

종목	선택 내용	인원수(명)	비례(%)
B7.조선어를 배운 방식	1. 가정에서 자연스럽게 습득	114	97.44
	2. 입학 전 이웃에게서 습득	7	5.98
	3. 학교에서 습득	36	30.77
	4. 사회에서 습득	8	6.84
	5. 학원에서 습득	1	0.85
	6. 기타 방식으로 습득	1	0.85

습득 방식을 보면 97.44%가 가정에서 자연스럽게 습득을 하였다. 또한 95%이상이 완전히 알아듣고 능숙하게 표현 할 수 있는 듣기와 말하기 실력을 갖추고 있었다. 현재 북경 조선족 청소년의 언어 습득 상황 및 언어 구사 능력과는 현저한 차이를 보이고 있다. 북경 청소년은 현재 학교에서 조선족 언어 교육을 받지 못하고 있기 때문에 가족 내 습득이나 학원 습득에 주로 의지하지만 사회적인 언어 환경이 결여되었기 때문에 가족 내 습득과 학원 등 습득 효과가 뚜렷하지 못하여 대부분 조선족 청소년은 간단한 일상용어를 알아들을 수 있거나 아예 알아듣지 못하는 경우가 많다.

조선족 언어 습득 및 구사 능력을 살펴보고 나서 한국어 습득 구사 능력도 함께 살펴보았다. 조선어와 한국어의 차이점에 대해 모든 제보자가 두 언어 사이에 차이점은 있지만 교류에 영향을 주지 않는다고 했으며 구체적인 차이점에 대해 어휘, 표현 방식, 어조 등을 꼽았다. 한국어 구사 능력에 대해서 88.89%가 완전히 알아들을 수 있다고 했고 숙련되게 교류를 할 수 있다고 했다. 한국어의 습득 방식은 다양하였으며 한국인과의 접촉 또는 외국 유학이나 생활 경험 그리고 한국 드라마나 영화를 통해 습득했다는 경우가 대부분이었다. 제보자의 조선어, 한국어 언어 습득 방식, 가족 구성원 간 언어 사용

〈표 24〉 제보자 조선어 사용 현황

종목	선택 내용	인원수(명)	비례(%)
C1.집에서 가족 간 교류 시 사용 하는 언어	1. 조선어	130	79.75
	2. 한국어	13	7.98
	3. 한어(표준어)	99	60.74
	4. 기타	2	1.23
C2.직장에서 조선족 동료와 교류 시 사용하는 언어	1. 조선어	117	71.78
	2. 한국어	20	12.27
	3. 한어(표준어)	102	62.58
	4. 기타	3	1.84
	5. 이런 상황 없음	7	4.29
C3. 직장에서 다른 민족이 옆에 있을 때, 조선족 동료와 교류 시 사용하는 언어	1. 조선어	70	42.94
	2. 한국어	11	6.75
	3. 한어(표준어)	135	82.82
	4. 기타	2	1.23
	5. 이런 상황 없음	6	3.68
C4.조선족 모임 장소에서 조선족 친구와 교류 시 사용하는 언어	1. 조선어	151	92.64
	2. 한국어	14	8.59
	3. 한어(표준어)	66	40.49
	4. 기타	2	1.23
	5. 이런 상황 없음	1	0.61
C5.타민족과의 모임 장소에서 조선족 친구와 교류 시 사용하는 언어	1. 조선어	102	62.58
	2. 한국어	12	7.36
	3. 한어(표준어)	127	77.91
	4. 기타	1	0.61
	5. 이런 상황 없음	2	1.23
C6. 어떤 장소에 상관없이 초면인 조선족과 교류 시 사용하는 언어	1. 조선어	126	77.3
	2. 한국어	19	11.66
	3. 한어(표준어)	95	58.28
	4. 기타	0	0
	5. 이런 상황 없음	0	0

및 언어 능력에 대한 조사를 통해 조선어, 한국어, 한어 세 가지 언어 간 코드 스위칭이 가능한 언어적 기반이 마련되었음을 알 수 있었다.

2) 제보자 언어 사용 현황 조사

제보자의 인적 상황 그리고 언어 습득에 대한 조사에 이어 사회생활에서 다중언어 중 언어 사용 선택에 대한 조사를 진행하였다. 이 부분은 부동한 언어 교류 현장에서 서로 다른 제보자에 따라 실현하는 언어 선택 양상과 그 이유에 대해서 살펴보았다.

〈표 24〉는 조선족의 조선어 사용에 대해서 집이나 직장 그리고 모임 등 여러 가지 부동한 장소에서 언어 사용에 대해 알아보았고 모임일 경우 조선족 모임과 타민족과의 모임을 나누어 살펴보았다. 집에서 가족 간 교류 시 사용하는 언어를 보면 조선어와 한어가 비슷하게 많았고 조선어가 조금 더 많은 편이었다. 언어 사용에서 가정에서 가족과의 대화에서 사용하는 언어는 목적성이 가장 낮고 교류의 편리가 언어 선택의 주목적으로 되는데 한어 사용이 조선어 사용과 비슷하다는 점은 한어가 조선족 언어생활에서 편리한 언어로 자리잡고 있음을 알 수 있다. 두 번째 경우는 직장에서 타민족이 옆에 없는 경우와 있는 경우를 살펴보았는데 타민족이 있으면 한어를 사용하는 경우가 좀 더 많았지만 타민족이 옆에 없을 때도 62.58%가 한어를 선택하고 있다. 세 번째로 조선족 모임일 경우 역시 40.49%가 한어를 사용하였고 타민족과의 모임에서는 한어를 사용하는 경우가 77.91%로 추가되었다. 조선족만 있을 때 한어를 사용하는 경우는 한어가 더 편해서일 것이라고 분석할 수 있으며 타민족모임에서 한어를 사용하는 경우는 조선어를 모르는 타민족에 대한 배려에서

일 것이다. 네 번째 경우는 어떤 경우든 초면인 조선족과의 언어사용 상황인데 77.3%가 조선어를 선택하고 반 이상인 58.28%가 한어를 사용하였다. 초면인 조선족과 한어를 사용하는 이유는 경어가 발달하지 않은 한어가 초면인 경우에 사용하기 더 편리한 점이 있어서일 것이라 분석된다.

〈표 25〉 제보자 한국어 사용 현황

종목	선택 내용	인원수(명)	비례(%)
C7. 어떤 장소에 상관없이 초면인 한국인과 교류 시 사용하는 언어	1. 조선어	36	22.09
	2. 한국어	138	84.66
	3. 한어(표준어)	16	9.82
	4. 기타	1	0.61
	5. 이런 상황 없음	0	0
C8. 한국인과 교류 시 한국어 사용 여부	1. 될수록 사용	156	95.71
	2. 사용 안 함	7	4.29
C9. 한국인과 교류 시 한국어를 사용하는 목적	1. 교류의 편리	131	83.97
	2. 거리감을 좁히기 해	29	18.59
	3. 우호적인 감정을 표현	36	23.08
	4. 상대방의 언어습관을 존중	82	52.56
	5. 자신을 나타내기 위해	4	2.56
	6. 기타	4	2.56
C10. 조선어와 한국어가 북경 사회에서의 사회적 지위	1. 사회적 지위가 같음	69	42.33
	2. 한국어의 사회적 지위가 높음	45	27.61
	3. 조선어의 사회적 지위가 높음	10	6.13
	4. 대답 불가	39	23.93

〈표 25〉에서는 제보자의 한국어 사용 현황에 대해 알아봤는데 초면인 한국인과는 84.66%가 한국어를 사용하였고 한국인과 교류 시

95.71%가 될수록 한국어를 사용하려고 노력하였다. 그 이유에 대해 살펴보면 교류의 편리가 제일 많았고 그다음 상대방의 언어습관을 존중하기 위해서였으며 세번째가 우호적인 감정을 표현하기 위해서였다. 조선어와 한국어의 사회적 지위에 대한 평가에서 42.33%가 사회적 지위가 같다고 하였고 27.61%가 한국어의 사회적 지위가 높은 반면 6.13%가 조선어의 사회적 지위가 높다고 하였다. 한국어의 사회적 지위에 대한 평가는 윗부분의 한국인과 교류 시 될수록 한국어로 구사하려는 목적과 일맥상통한다.

4. 제보자 언어 태도 및 코드 스위칭 조사

1) 언어 태도 조사

언어이데올로기(language ideology)는 특정 언어 또는 특정 언어의 사용에 대한 사람들의 평가, 태도, 가치를 의미한다. 이러한 언어에 대한 평가와 가치에 대한 관심은 언어가 정치적 또는 사회적 진공 상태에 존재하는 객관적 실체가 아니라는 사실에서 출발한다. 조선어와 한국어에 대한 언어 평가와 태도 조사를 통해 언어 사용 및 언어 변이와 발전에 대해 추측을 해 볼 수 있다. 상기에서 한국어의 사회적 지위에 대한 평가가 조선어에 비해 높게 나온 사실을 통해 조선어 언어생활에서 한국어의 영향이 점차 심화될 것으로 추측할 수 있다. 또한 이 부분의 언어 평가 및 태도에 대한 조사를 통해서도 중국 조선어에서 한국어의 역할과 지위를 판단해 볼 수 있다.

〈표 26〉 조선어, 한국어, 한어 평가

평가 항목	언어	평균 점수
듣기 좋음	1.조선어	3.88
	2.한국어	4.36
	3.한어	3.98
친절함	1.조선어	4.45
	2.한국어	4.1
	3.한어	3.85
우아함	1.조선어	3.31
	2.한국어	3.68
	3.한어	3.5
편리함	1.조선어	4.3
	2.한국어	3.51
	3.한어	4.33
사회적 지위 높음	1.조선어	3.09
	2.한국어	3.32
	3.한어	4.47
용도가 큼	1.조선어	3.31
	2.한국어	3.62
	3.한어	4.56

〈표 26〉에서는 조선어, 한국어, 한어에 대해 듣기 좋음, 친절함, 우아함, 편리함, 사회적 지위 높음, 용도가 큼 등 여섯 가지 평가 기준으로 평가를 진행하였다. 듣기 좋음을 평가 표준으로 보면 한국어가 제일 높고 조선어가 제일 낮다. 반대로 친절함을 평가 기준으로 했을 때 조선어가 제일 친절한 언어였으며 한어가 제일 낮았다. 우아함을 기준으로 봤을 때 듣기 좋음과 같은 결과로 한국어가 제일 높고 조선어가 제일 낮았다. 편리함을 기준으로 보면 한어와 조선어가

비슷하게 높았으며 사회적 지위와 용도를 기준으로 보면 한어가 제일 높고 조선어가 제일 낮았다. 결과적으로 한어는 언어적 가치면에서 사회적 지위가 있고 유용한 언어로서 조선족에게 친절하지는 않지만 사용하기 편리한 언어다. 반면에 조선어는 모어로 제일 친절한 언어이며 사용이 편리한 언어다. 한국어는 듣기 좋고 우아하며 사회적 지위가 조선어에 비해 높은 언어이기에 사용하기 다소 편리하지 않아도 한국인과의 교류에서는 사용하려는 노력을 보이고 있다.

조선족으로서 조선어를 구사할 줄 모르는데 대한 태도 조사에서 56.44%가 너무 안타깝다고 표현했으며 64.42%가 언어 환경의 결핍으로 어쩔수 없는 상황이라고 표현하였는데 반 정도가 모어 유실에 대한 보다 적극적인 태도를 보였을 뿐이다. 조선어 습득에 대한 조사에서 32.52%가 보다 강한 습득 의지를 보였고 20.86%가 조건을 마련해 주면 습득 가능성이 있다고 하여 53%가 습득 의지를 보였다. 한국어 습득에 대한 조사에서 23.93%가 적극적인 태도였고 20.25%가 조건이 마련되면 습득 가능성이 있다고 하여 습득 의지를 보인 경우가 50%가 안 되었다. 향후 조선어와 한국어 발전 전망에 대하여 43%의 조사 제보자가 조선어가 일정한 범위에서 지속 발전할 것이고 42%의 조사 제보자가 습득자가 점차 줄어들 것으로 전망한 반면 66%의 조사 제보자는 일정한 범위에서 발전할 것이며 14%는 습득자가 점차 줄어들 것이라고 추측하였다. 조선어와 한국어가 큰 발전이 있을 것이라는 응답자는 각각 10%와 15%로 한국어에 대한 전망이 보다 적극적이었다. 현재 새로운 조선어 교육 정책이 실시되면 조선어 구사가 불가능한 조선족이 증가될 것이고 기존 조선어가 가능한 자의 구사 능력도 저하될 것으로 추측된다.

2) 언어 사용에서의 코드 스위칭 조사

이 부분에서는 북경 조선족 언어 사용에서의 코드 스위칭 현상에 대해 조사를 진행하였고 코드 스위칭 별 빈도 조사 및 코드 스위칭 의도와 목적 그리고 태도에 대하여 조사를 진행하였다.

〈표 27〉 코드 스위칭 별 빈도 조사

코드 스위칭 유형	빈도			
	자주	가끔	전혀 안함	이런 상황 없음
조선어 - 한어	105(64.42%)	52(31.9%)	6(3.68%)	
한어 - 조선어	76(46.63%)	63(38.65%)	24(14.72%)	
한국어 - 조선어	43(26.38%)	82(50.31%)	26(15.95%)	12(.36%)
한국어 - 한어	11(6.75%)	78(47.85%)	60(36.81%)	14(.59%)
조선어 - 한국어	47(28.83%)	96(58.9%)	20(12.27%)	

〈표 27〉에서 볼 수 있다시피 북경 조선족 언어 사용 중에서 다섯 가지 코드 스위칭 유형이 존재한다. 코드 스위칭에 대한 정의가 다르면 그것에 따른 이론도 서로 다를 수밖에 없다. 본 연구에서는 컴페즈Gumperz의 정의에 따라 보다 거시적인 측면에서 코드 스위칭을 관찰해 보고자 한다.[2] 그리고 대화 장소, 대화자의 전환에 따른 다른 언어의 채용 현상도 일괄적으로 코드 스위칭에 포함시켜서 조사했다. 본 연구에서는 어휘, 문구, 문장의 혼용을 모두 언어 전환 및 코드 스위칭으로 보고 있으며 언어 혼합 또한 코드 스위칭의 일부분

---

[2] 컴페즈Gumperz는 코드 스위칭의 유형을 크게 두 가지로 구분하였는데 하나는 대화자나 화제 등의 변화로 발생하는 코드 스위칭이고 다른 하나는 화자가 청자와 관계를 개선하거나 발화의 어조 혹은 화제 포인트를 바꾸기 위해 진행하는 코드 스위칭이다.

으로 보고 있다.

조선어-한어 코드 스위칭은 문구 내, 문구 사이, 문장 사이 등 여러 가지 유형의 코드 스위칭을 관찰할 수 있었는데 본 조사에서는 문구 내 코드 스위칭인 어휘 혼용에 주안점을 두어 조사 연구를 하였다. 북경 조선족 언어사용에서 코드 스위칭은 발생 빈도가 높은 편으로 조선어 사용 중 한어를 자주 또는 가끔 혼용하는 비율은 96.32%이고, 한어를 사용하는 과정에 조선어를 자주 또는 가끔 혼용하는 비율은 85.28%로 조선어-한어 혼용보다는 낮지만 언어사용 중 아주 보편적인 현상이라는 것을 알 수 있다. 자주 혼용하는 비율을 비교해 보면 조선어-한어 코드 스위칭은 64.42%로서, 한어 사용 중에 조선어를 자주 혼용하는 46.63%에 비해 높은 편이었다. 이에 조선어-한어 코드 스위칭이 한어-조선어 코드 스위칭에 비해 더욱 중요한 위치를 차지하고 있음을 알 수 있다.

한국어 사용 중 조선어를 자주 또는 가끔 혼용하는 비율은 76.69%로 높은 편이며 조선어 사용 중 한국어를 자주 또는 가끔 혼용하는 비율은 87.73%로 대화 상대가 조선족이지만 아주 높은 한국어 혼용 비율을 보이고 있다. 한국인과 대화 시 조선어를 혼용하는 경우는 조선어가 한국어보다 더 익숙하기 때문이라고 볼 수 있다. 그리고 한국인과 한국어로 교류할 때 한어를 혼용하여 쓰는 경우도 가끔 발생하는 비율이 47.85%로 거의 반에 달했다. 이는 한국어로 교류할 때 조선어를 가끔 혼용하는 비례와 비슷하며 한어가 조선족 언어생활에서 조선어와 비슷한 위치를 차지하고 있음을 알 수 있다.

〈표 28〉 코드 스위칭 의도와 목적 조사

의도	1. 의식적이다	26(18.18%)
	2. 무의식적이다	118(82.52%)
	3. 대답 불가	7(4.9%)
목적	1. 표현 편리	57(39.86%)
	2. 특별한 표현 요구	39(27.27%)
	3. 코드 스위칭을 안하면 의사 전달을 할 수 없음	18(12.59%)
	4. 명확한 목적이 없음	69(48.25%)
	5. 대답 불가	1(0.7%)

〈표 28〉에서 코드 스위칭의 태도 조사를 통해 혼용의 의도를 보면 무의식적인 혼용이 82.52%로 대부분을 차지하는데 이는 의사소통 중의 관습적인 소통방식으로 자리 잡았음을 알 수 있다. 혼용의 목적을 보면 표현의 편리를 위해서 혼용하는 경우가 제일 많은데 편리를 위한 목적과 의사 전달을 위한 목적을 기본적인 의사 소통의 요구라고 판단할 경우 39.84%를 차지하며 뚜렷한 목적이 없는 관습적인 혼용이 48.25%를 차지한다. 그리고 대화 제보자가 초면일 경우 상대방의 국적이나 신분을 감안하여 언어 선정을 하는 경향을 보였다. 예를 들면 초면인 한국인과는 될수록 한국어를 사용하거나 한국어 어휘나 어조를 혼용하여 의사소통의 편리함을 추구하는 동시에 거리감을 줄이고 상대방의 언어습관을 존중함으로써 우호적인 태도를 나타내려는 등 주관적인 태도를 표현하는데 그 목적을 두었다.

〈표 29〉 코드 스위칭 태도 조사

항목	인원수(명)	비율(%)
1. 언어 사용 중 정상적인 현상	113	69.33
2. 언어 사용 중 무의식적인 현상	86	52.76
3. 언어 사용 중 의식적인 현상	16	9.82
4. 될수록 피해야 하는 현상	14	8.59
5. 어휘 혼용은 언어 불순함을 가져 옴	22	13.5
6. 대답 불가	2	1.23

코드 스위칭에 대한 태도 조사에서 70%에 달하는 조사 제보자는 언어 사용 중 정상적인 현상이라고 여기며 거부감을 보이지 않았고 52.76%는 무의식적인 현상으로 언어 현상의 자연 현상으로 간주하고 있었다. 극소수가 언어의 순결함에 영향 주는 요인으로 회피해야 한다고 주장하였다.

5. 코드 스위칭 상관성 분석

코드 스위칭 현상은 단독으로 존재하는 하는 것이 아니라 기타 언어적 요소 및 사회적 요소와의 연관성 속에 존재한다. 위에서 제시한 제보자 기본 인적 상황, 언어 습득 상황, 언어 사용 상황 그리고 언어 태도 등 제 요소와 코드 스위칭의 연관성을 분석하고자 한다.

1) 가족 성원 중 타민족 존재 여부와 코드 스위칭 빈도와의 연관성 분석

〈표 30〉 조선족 지인과 조선어로 교류 할 때 한어 어휘 혼용 여부

X/Y	자주 혼용	가끔 혼용	전혀 안함	합계
없음	91(65.94%)	43(31.16%)	4(2.90%)	138
있음	14(56%)	9(36%)	2(8%)	25

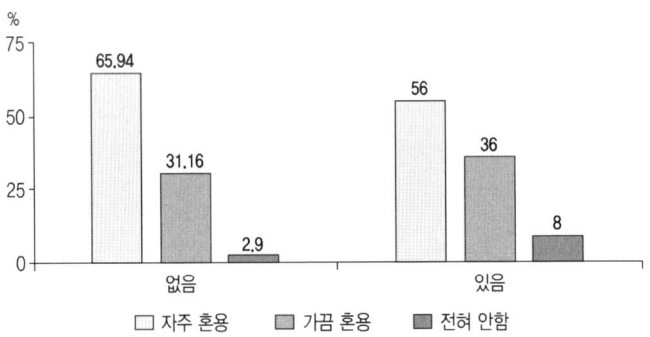

〈표 31〉 조선족 지인과 한어로 교류 할 때 조선어 어휘 혼용 여부

X/Y	자주 혼용	가끔 혼용	전혀 안함	합계
없음	66(47.83%)	52(37.68%)	20(14.49%)	138
있음	10(40%)	11(44%)	4(16%)	25

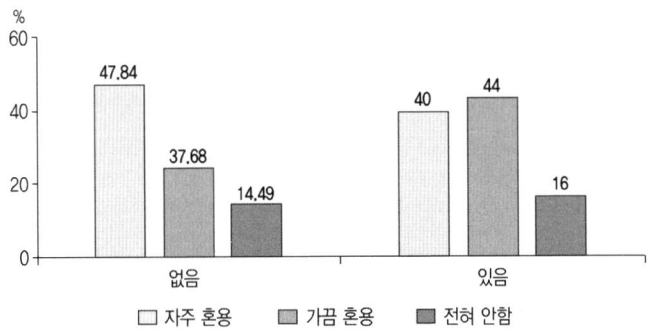

〈표 32〉 한국인과 한국어로 교류할 때 조선어 어휘 혼용 여부

X/Y	자주 혼용	가끔 혼용	전혀 안함	이런 상황 없음	합계
없음	35(25.36%)	69(50%)	24(17.39%)	10(7.25%)	138
있음	8(32%)	13(52%)	2(8%)	2(8%)	25

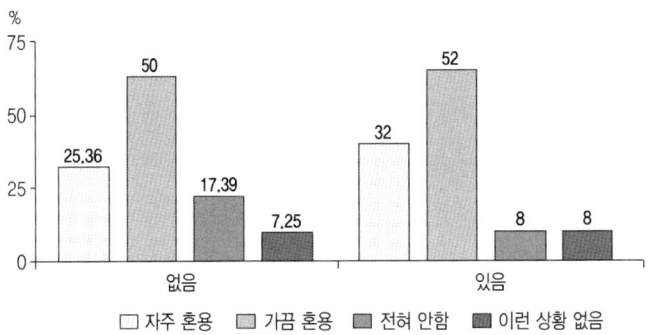

〈표 33〉 조선족 지인과 조선어로 교류할 때 한국어 어휘나 어조 혼용 여부

X/Y	자주 혼용	가끔 혼용	전혀 안함	합계
없음	45(32.61%)	79(57.25%)	14(10.14%)	138
있음	2(8%)	17(68%)	6(24%)	25

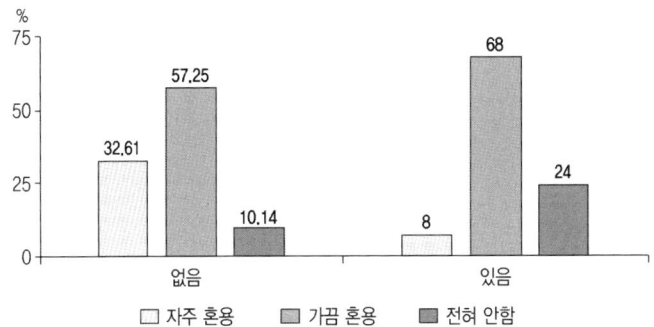

위 표와 그래프를 통해 알 수 있듯이 가족 성원에 타민족 존재 여부와 코드 스위칭 빈도 사이에는 연관성을 가지고 있지 않음을 알 수 있다. 가족 구성원에 타민족 없음과 있음 두 가지 경우 코드 스위칭의 빈도는 비슷한 양상을 보였으며 가족 구성원 중에 타민족이 있다고 해서 더 높은 빈도를 보이지 않았다. 가족 구성원 중 타민족 존재 여부와 상관없이 조선어-한어, 한국어-조선어 사이 코드 스위칭이 활발하게 일어난다.

2) 연령과 코드 스위칭의 연관성 분석

제보자의 연령과 조선어-한어, 조선어-한국어 코드 스위칭 빈도 사이의 연관성을 분석하였다. 아래 표에서 볼 수 있다시피 연령과 코드 스위칭 사이에는 연관성을 가지고 있지 않았으며 연령층이 높은 조사 제보자들이 좀 더 활발한 코드 스위칭을 보여 주었다.

〈표 34〉 조선족 지인과 교류할 때 한어 어휘 혼용 여부

X/Y	자주 혼용	가끔 혼용	전혀 안함	합계
18세 미만	1(100%)	0(0.00%)	0(0.00%)	1
18-24세	17(68%)	8(32%)	0(0.00%)	25
25-35세	11(61.11%)	6(33.33%)	1(5.56%)	18
36-45세	27(60%)	17(37.78%)	1(2.22%)	45
46-55세	33(68.75%)	14(29.17%)	1(2.08%)	48
56-65세	15(68.18%)	5(22.73%)	2(9.09%)	22
66세 이상	1(25%)	2(50%)	1(25%)	4

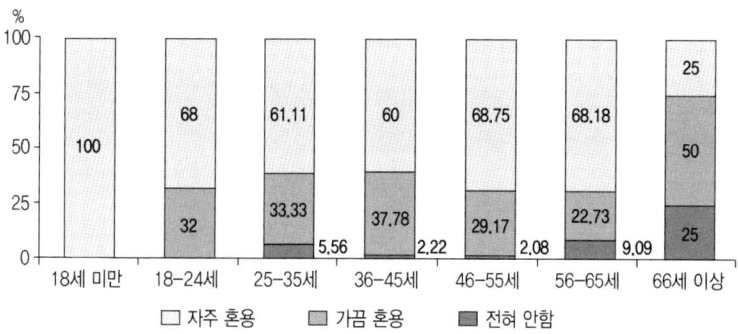

<표 35> 한국인과 교류할 때 조선어 어휘 혼용 여부

X/Y	자주 혼용	가끔 혼용	전혀 안함	이런 상황 없음	합계
18세이하	0(0.00%)	0(0.00%)	0(0.00%)	1(100%)	1
18-24세	5(20%)	13(52%)	5(20%)	2(8%)	25
25-35세	2(11.11%)	7(38.89%)	7(38.89%)	2(11.11%)	18
36-45세	9(20%)	29(64.44%)	5(11.11%)	2(4.44%)	45
46-55세	16(33.33%)	23(47.92%)	6(12.5%)	3(6.25%)	48
56-65세	9(40.91%)	8(36.36%)	3(13.64%)	2(9.09%)	22
66세 이상	2(50%)	2(50%)	0(0.00%)	0(0.00%)	4

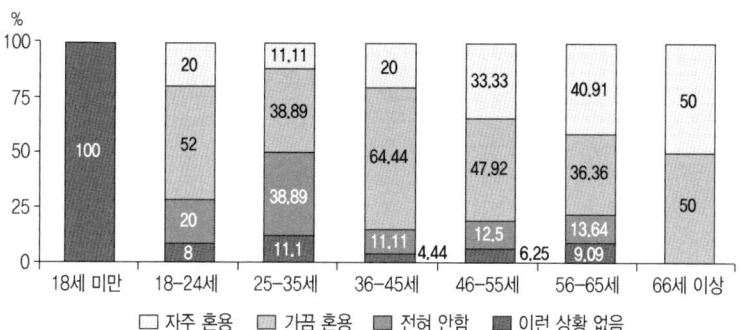

3) 출생 지역과 코드 스위칭의 연관성 분석

출생 지역과 코드 스위칭 빈도 사이의 연관성을 살펴보면 조선어 - 한어, 한어 - 조선어 코드 스위칭에서 길림성이 자주 혼용과 가끔 혼용 빈도가 가장 높아 길림성 출신 제보자의 코드 스위칭 빈도가 가장 높았다. 조선어 - 한국어, 한국어 - 조선어 코드 스위칭에서도 길림성 출신 제보자가 빈도가 높은 것으로 나타났다.

〈표 36〉 조선족 지인과 교류할 때 한어 어휘 혼용 여부

X/Y	자주 혼용	가끔 혼용	전혀 안함	합계
흑룡강성	24(64.86%)	11(29.73%)	2(5.41%)	37
길림성	63(65.63%)	30(31.25%)	3(3.13%)	96
요녕성	14(56%)	10(40%)	1(4%)	25
내몽골	1(100%)	0(0.00%)	0(0.00%)	1
북경시	2(100%)	0(0.00%)	0(0.00%)	2
기타 지역	1(50%)	1(50%)	0(0.00%)	2

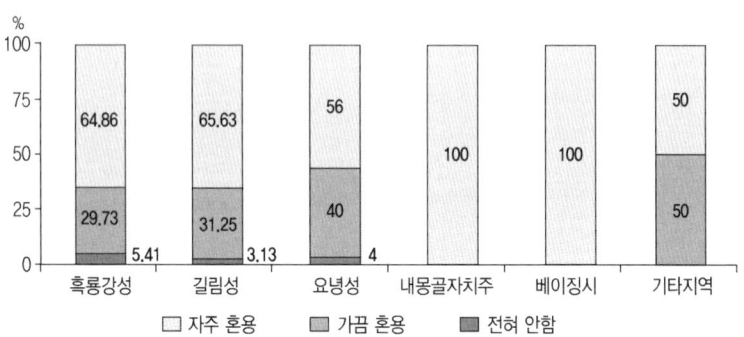

〈표 37〉 조선족 지인과 한어로 교류 할 때 조선어 어휘 혼용 여부

X/Y	자주 혼용	가끔 혼용	전혀 안함	합계
흑룡강성	15(40.54%)	15(40.54%)	7(18.92%)	37
길림성	48(50%)	37(38.54%)	11(11.46%)	96
요녕성	10(40%)	10(40%)	5(20%)	25
내몽골	1(100%)	0(0.00%)	0(0.00%)	1
북경시	0(0.00%)	1(50%)	1(50%)	2
기타 지역	2(100%)	0(0.00%)	0(0.00%)	2

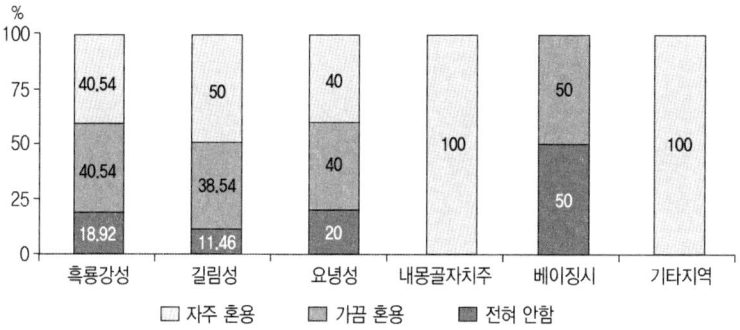

4) 언어 구사 능력과 코드 스위칭의 연관성 분석

언어 구사 능력과 코드 스위칭 연관성 분석을 통해 조선어 - 한어 코드 스위칭에서 언어 구사 능력이 뛰어날 수록 자주 혼용하는 빈도가 높은 것으로 나타났다. 조선어 - 한국어 코드 스위칭에서는 이런 연관성을 보이지 않았다.

〈표 38〉 조선족 지인과 교류할 때 한어 어휘 혼용 여부

X/Y	자주혼용	가끔 혼용	전혀 안함	합계
숙련되게 교류 가능함	75(65.79%)	35(30.70%)	4(3.51%)	114
기본적인 교류 가능함	1(33.33%)	2(66.67%)	0(0.00%)	3
일상 회화 가능함	0(0.00%)	0(0.00%)	0(0.00%)	0
간단한 일상 회화 가능함	0(0.00%)	0(0.00%)	0(0.00%)	0
말할 수 없음	0(0.00%)	0(0.00%)	0(0.00%)	0

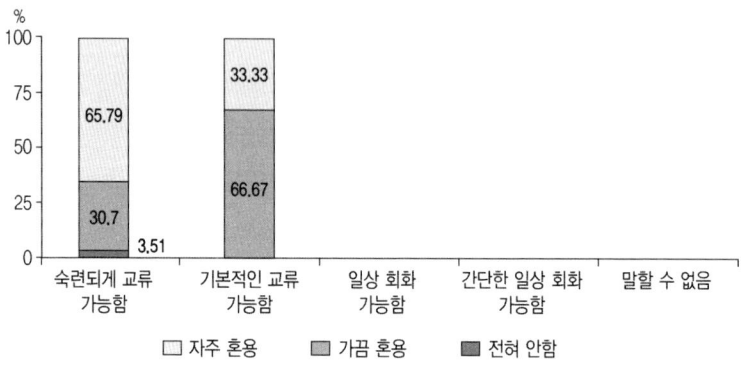

〈표 39〉 조선족 지인과 한어로 교류 할 때 조선어 어휘 혼용 여부

X/Y	자주혼용	가끔 혼용	전혀 안함	합계
숙련되게 교류 가능함	57(50%)	43(37.72%)	14(12.28%)	114
기본적인 교류 가능함	1(33.33%)	1(33.33%)	1(33.33%)	3
일상 회화 가능함	0(0.00%)	0(0.00%)	0(0.00%)	0
간단한 일상 회화 가능함	0(0.00%)	0(0.00%)	0(0.00%)	0
말할 수 없음	0(0.00%)	0(0.00%)	0(0.00%)	0

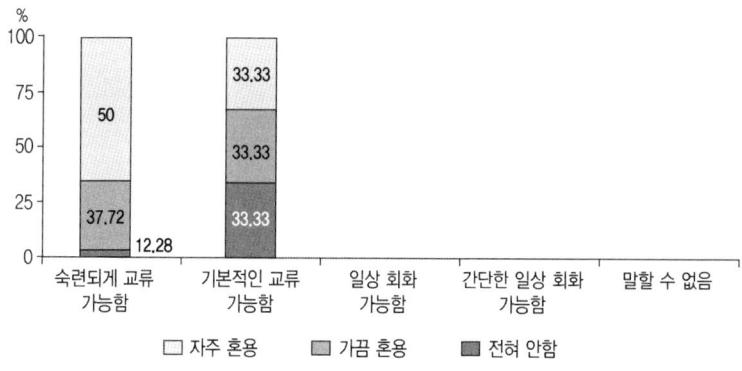

언어 평가와 언어 발전 전망에 대한 태도와 코드 스위칭의 연관성 분석을 통해 조선어, 한어, 한국어의 사회적 지위 및 전망에 대한 태도는 코드 스위칭과 연관성이 없는 것으로 나타났다. 위의 연관성 분석을 통해 언어의 숙련도와 출생지가 코드 스위칭과 연관성이 있는 것으로 나타났다.

본 조사에서는 2020년 현재를 기준으로 조선족 언어 사용에 나타나는 코드 스위칭 현상에 대한 사회언어학적 연구를 통해 조선어와 한어, 조선어와 한국어 접촉에서 나타나는 변이 양상과 화자의 코드 스위칭 사용의도 등을 분석하고 언어 변이 및 사용에서 의사 소통의 목적, 심리적 욕구의 역할에 대해 살펴보았다. 북경 조선족 구어 담화 사용 실태 분석을 통해 북경 조선족의 기본 언어 상황과 사용 상황 및 언어 태도에 대해서 조사를 진행하였고 이를 바탕으로 코드 스위칭과의 상관성 분석을 진행하였다. 코드 스위칭은 어휘체계, 화용 방면에 여러 가지 영향을 끼치고 있으며 조선어의 어휘체계 및 화용법을 넓히는 순기능이 있음을 확인할 수 있었다.

결론

본 연구에서는 2007년과 2020년 두 차례의 설문 조사를 통해 북경 조선족의 언어 사용 실태 및 코드 스위칭에 대해서 살펴보았다. 그 목적은 사회언어학적인 시각으로 사회의 발전과 언어 외적 변이의 상관성에 입각하여 도시화로 새로운 거주지인 도시에 정착하여 새로운 생활 패턴으로 생활하고 있는 조선족의 언어생활에 대한 직접 혹은 간접적인 영향에 주안점을 두었다.

두 차례의 연구가 시간적으로 13년이 경과되었는데 그 결과를 보면 기본적으로 북경 조선족의 언어 사용 실태와 코드 스위칭에서 질적인 변화가 없고 단 코드 스위칭 유형에서 조선어와 한국어 사이의 코드 스위칭 비중이 늘어난 것으로 나타났다. 언어학학자들이 이민의 언어 유지와 언어 전용에 대한 보편적인 연구 결과에 의하면 보통 3세대까지는 언어 유지가 가능하지만 3세대를 넘으면 전용이 일어날 가능성이 높다고 한다. 두 차례 연구에서 언어 전용과 같은 큰 변화를 보이지 않은 이유가 조사 제보자가 아직 1세대와 2세대였기 때문이라고 분석할 수 있다. 북경 이민 조선족의 3세대 혹은 4세대를 보면 거의 한어로 전용을 하는 경우가 보편적이며 조선족 언어 사용의 가장 기본적인 특징이었던 조선어와 한어 이중언어 사용이 점차 줄어들고 한어와 영어 이중언어로 바뀌고 있다. 조선족 도시 이민 후세가 점차 민족 언어를 잃어가고 있는 현실적인 문제를 해결하기 위해 주말학교, 방학 조선어 교실 등등 조선족 사회에서 적극적인 노력을 보이고 있고 본민족 언어를 유지 하려는 조선족들의 개인적인 의지와 노력도 있지만 사회적 언어 환경의 결핍으로 인한 언어 전용이라는 큰 추세는 거스르기 어려울 것 같다. 한국으로의 이주 등에 의해 형성된 서울 등 한국의 조선족 집단 거주지에서의 코드 스위칭 현상 조사와 분석의 제시는 향후 연구로 미룬다.

부록

설문지 1
在京朝鲜族语言使用及语码转换调查问卷(2007)

在京朝鲜族语言使用及语码转换调查问卷(2007)

日期：2007年__月__日　被调查者姓名：_____电话：_____

现住址：____区_____来京前住址：____省_____市____县

来京时间：____年__月__日　出国经历：_____国家____时间

A. 基本情况

A1. 性别

　　1. 女　　2. 男

A2. 民族成分

　　爷爷　　族

　　奶奶　　族

　　爸爸　　族

　　妈妈　　族

　　配偶　　族

　　本人　　族

A3. 您的年龄(周岁)

A4. 您的出生地(从省、市、自治区填写到街道或行政村, 国外出生的请注明国籍)

A5. 您的职业

　　1. 在读学生(注明：　　　)

　　2. 国家公务员(注明：　　　)

　　3. 国家企事业单位工作人员(注明：　　　)

　　4. 教师(注明：　　　)

　　5. 个体经营者(注明：　　　)

　　6. 外企工作人员

　　7. 合资企业工作人员

　　8. 个体打工者

　　9. 其他(注明：　　　)

A6. 您的教育程度

　　1. 本科及以上

　　2. 大专

　　3. 高中(含中专和技校)

　　4. 初中

　　5. 小学

　　6. 没上过学

A7. 您家族中有无与其他民族通婚的成员

    1. 有(注明：　　)

    2. 没有

A8. 如果您本人与外民族成员结婚，您有什么想法(限未婚者回答)

    1. 愿意

    2. 无所谓

    3. 不愿意

    4. 无法回答

A9. 您对朝鲜族与国内其他民族成员通婚有什么看法(全体被调查者回答)

    1. 应当提倡

    2. 应当尊重

    3. 可以接受

    4. 无所谓

    5. 不能接受

    6. 无法回答

A10. 您本人愿意与韩国人结婚吗(限未婚者回答)

    1. 愿意

    2. 无所谓

    3. 不愿意

    4. 无法回答

A11. 您家族中有无与韩国人通婚的成员

1. 有(注明：   )
2. 没有

A12. 您对朝鲜族与韩国人通婚有什么看法

1. 应当提倡
2. 应当尊重
3. 可以接受
4. 无所谓
5. 不能接受
6. 无法回答

B. 语言习得情况

B1. 您小时侯(上学前或5周岁前)最先学会哪种话(可多选)

1. 朝鲜语
2. 韩国语
3. 当地汉语方言(请注明：   )
4. 普通话
5. 其他(请注明：   )

B2. 小时侯，您父亲(或男性抚养人)跟您交谈时最常说哪种话(可多选)

1. 朝鲜诰
2. 韩国语
3. 当地汉语方言(请注明：   )

4. 普通话

5. 其他(请注明：   )

B3. 小时侯，您母亲(或女性抚养人)跟您交谈时最常说哪种话(可多选)

1. 朝鲜语

2. 韩国语

3. 当地汉语方言(请注明：   )

4. 普通话

5. 其他(请注明：   )

B4. 您现在能用哪些话与人交谈(可多选)

1. 朝鲜语

2. 韩国语

3. 当地汉语方言(请注明：   )

4. 普通话

5. 其他(请注明：   )

B5. 您在上小学的时候，老师用什么语言讲课(可多选)

1. 朝鲜语

2. 韩国语

3. 当地汉语方言(请注明：   )

4. 普通话

5. 其他(请注明：   )

6. 无此情况

B6. 您在上初中的时候, 老师用什么语言讲课(可多选)

1. 朝鲜语
2. 韩国语
3. 当地汉语方言(请注明：   )
4. 普通话
5. 其他(请注明：   )
6. 无此情况

B7. 您在上高中的时候, 老师用什么语言讲课(可多选)

1. 朝鲜语
2. 韩国语
3. 当地汉语方言(请注明：   )
4. 普通话
5. 其他(请注明：   )
6. 无此情况

B8. 您在上大学的时候, 老师用什么语言讲课(可多选)

1. 朝鲜语
2. 韩国语
3. 当地汉语方言(请注明：   )
4. 普通话
5. 其他(请注明：   )
6. 无此情况

B9. 您的朝鲜语程度怎样(以下两个方面分别选择)

　　(1) 听

　　　　1. 完全能听懂

　　　　2. 基本能听懂

　　　　3. 能听懂日常用语

　　　　4. 能听懂简单的日常用语

　　　　5. 听不懂

　　(2) 说

　　　　1. 能熟练交谈

　　　　2. 基本能交谈

　　　　3. 会说日常用语

　　　　4. 只会说简单的日常用语

　　　　5. 不会说

B10. 您的朝鲜文程度怎样(以下两个方面分别选择)

　　(1) 读

　　　　1. 能读书看报

　　　　2. 能看懂家信或简单的文章

　　　　3. 只能看懂留言条或便条

　　　　4. 看不懂

　　(2) 写

　　　　1. 能写文章或其他作品

　　　　2. 能写家信或简单的文章

　　　　3. 只能写留言条或便条

　　　　4. 不会写

B11. 您的韩国语程度怎样(以下两个方面分别选择)

    (1) 听

        1. 完全能听懂

        2. 基本能听懂

        3. 能听懂日常用语

        4. 能听懂简单的日常用语

        5. 听不懂

    (2) 说

        1. 能熟练交谈

        2. 基本能交谈

        3. 会说日常用语

        4. 只会说简单的日常用语

        5. 不会说

B12. 您的韩文程度怎样(以下两个方面分别选择)

    (1) 读

        1. 能读书看报

        2. 能看懂家信或简单的文章

        3. 只能看懂留言条或便条

        4. 看不懂

    (2) 写

        1. 能写文章或其他作品

        2. 能写家信或简单的文章

        3. 只能写留言条或便条

        4. 不会写

B13. 您的普通话程度怎样(以下两个方面分别选择)

   (1) 听

      1. 完全能听懂

      2. 基本能听懂

      3. 能听懂日常用语

      4. 能听懂简单的日常用语

      5. 听不懂

   (2) 说

      1. 能熟练交谈

      2. 基本能交谈

      3. 会说日常用语

      4. 只会说简单的日常用语

      5. 不会说

B14. 您的汉文程度怎样(以下两个方面分别选择)

   (1) 读

      1. 能读书看报

      2. 能看懂家信或简单的文章

      3. 只能看懂留言条或便条

      4. 看不懂

   (2) 写

      1. 能写文章或其他作品

      2. 能写家信或简单的文章

      3. 只能写留言条或便条

      4. 不会写

B15. 您是怎样学会朝鲜语的(多选)

1. 从小在家里自然学会的
2. 上学前跟邻居学会的
3. 在学校学会的(请注明：   )
4. 在社会上学会的
5. 在朝鲜语辅导班学会的(请注明：   )
6. 其他途径学会的(请注明：   )
7. 无此情况

B16. 您是怎样学会韩国语言的(多选)

1. 从小在家里自然学会的
2. 跟韩国人接触学会的
3. 出国学会的(请注明：   )
4. 经常看韩剧学会的
5. 在学校学会的(请注明：   )
6. 在韩国语辅导班学会的(请注明：   )
7. 其他途径学会的(请注明：   )
8. 无此情况

B17. 您是怎样学会当地汉语方言的(多选)

1. 从小在家里自然学会的
2. 上学前跟邻居学会的
3. 在学校学会的(请注明：   )
4. 在社会上学会的

5. 其他途径学会的(请注明：　　)

6. 无此情况

B18. 您是怎样学会普通话的(多选)

1. 从小在家里自然学会的

2. 上学前跟邻居学会的

3. 在学校学会的(请注明：　　)

4. 在社会上学会的

5. 其他途径学会的(请注明：　　)

6. 无此情况

B19. 您觉得朝鲜语和韩国语有区别吗

1. 完全一样，没有差别

2. 有一定差别，但不影响交流

3. 有比较大的差别，初次跟韩国人交谈觉得有困难

4. 差别很大，就像两种不同的语言

5. 无法回答

B20. 您觉得朝鲜语和韩国语的主要区别是什么？(可多选)

1. 词汇不同

2. 表达方式不同

3. 语调不同

4. 其他

5. 无法回答

C. 语言使用

C1. 在家里,您与家人用什么语言交流(可多选)

1. 朝鲜语
2. 韩国语
3. 当地汉语方言(请注明:)
4. 普通话
5. 其他(请注明:)

C2. 在单位,您与朝鲜族同事用什么语言交流(可多选)

1. 朝鲜语
2. 韩国语
3. 当地汉语方言(请注明:)
4. 普通话
5. 其他(请注明:)
6. 无此情况

C3. 在单位,有不同民族同事在场时,您与朝鲜族同事用什么语言交流(可多选)

1. 朝鲜语
2. 韩国语
3. 当地汉语方言(请注明:)
4. 普通话
5. 其他(请注明:)
6. 无此情况

C4. 在本民族聚会的场合, 您与朝鲜族朋友用什么语言交流(可多选)

1. 朝鲜语
2. 韩国语
3. 当地汉语方言(请注明:)
4. 普通话
5. 其他(请注明:)

C5. 在不同民族聚会的场合, 您与朝鲜族朋友用什么语言交流(可多选)

1. 朝鲜语
2. 韩国语
3. 当地汉语方言(请注明:)
4. 普通话
5. 其他(请注明:)

C6. 在单位, 您与韩国同事用什么语言交流(可多选)

1. 朝鲜语
2. 韩国语
3. 当地汉语方言(请注明:)
4. 普通话
5. 其他(请注明:)
6. 无此情况

C7. 在单位, 有其他民族同事在场时, 您与韩国同事用什么语言交流(可多选)

1. 朝鲜语

2. 韩国语

3. 当地汉语方言(请注明：　　)

4. 普通话

5. 其他(请注明：　　)

6. 无此情况

C8. 无论什么场合，您与初次见面的朝鲜族用什么语言交流(可多选)

1. 朝鲜语

2. 韩国语

3. 当地汉语方言(请注明：　　)

4. 普通话

5. 其他(请注明：　　)

6. 无此情况

C9. 无论什么场合，您与初次见面的韩国人用什么语言交流(可多选)

1. 朝鲜语

2. 韩国语

3. 当地汉语方言(请注明：　　)

4. 普通话

5. 其他(请注明：　　)

6. 无此情况

C10. 您与韩国人交流时，你会尽量使用韩国语吗？

1. 会

2. 不会

C11. 您尽量使用韩国语的目的(可多选, 上题选2者不问此题)

1. 为了便于交流
2. 为了拉近距离
3. 为了表示友好
4. 为了尊重对方的语言习惯
5. 为了提高自己的地位
6. 其他(请注明：   )

C12. 您喜欢听什么歌曲(可多选)

1. 朝鲜语歌曲
2. 韩国语歌曲
3. 当地汉语方言歌曲(请注明：   )
4. 普通话歌曲
5. 其他歌曲(请注明：   )

C13. 您喜欢看什么语言的电视节目(可多选)

1. 朝鲜语
2. 韩国语
3. 汉语方言(请注明：   )
4. 普通话
5. 其他语言(请注明：   )

C14. 您经常上什么语言的网站(可多选)

1. 朝鲜语
2. 韩国语

3. 汉语

4. 其他语言(请注明：　　　)

5. 无此情况

D. 语言态度

D1. 您对朝鲜语的印象怎样？请从以下几个方面打分，1分为最低分，5分为最高分

  D1-1. 好听　　1　2　3　4　5

  D1-2. 亲切　　1　2　3　4　5

  D1-3. 觉得高雅　　1　2　3　4　5

  D1-4. 说起来方便　　1　2　3　4　5

  D1-5. 社会地位高　　1　2　3　4　5

  D1-6. 用处大　　1　2　3　4　5

D2. 您对韩国语的印象怎样？请从以下几个方面打分，1分为最低分，5分为最高分

  D2-1. 好听　　1　2　3　4　5

  D2-2. 亲切　　1　2　3　4　5

  D2-3. 觉得高雅　　1　2　3　4　5

  D2-4. 说起来方便　　1　2　3　4　5

  D2-5. 社会地位高　　1　2　3　4　5

  D2-6. 用处大　　1　2　3　4　5

D3. 您对当地汉语方言的印象怎样？请从以下几个方面打分，1分为最低分，5分为最高分

    D3-1. 好听　　1　2　3　4　5

    D3-2. 亲切　　1　2　3　4　5

    D3-3. 觉得高雅　1　2　3　4　5

    D3-4. 说起来方便　1　2　3　4　5

    D3-5. 社会影响大　1　2　3　4　5

    D3-6. 用处大　1　2　3　4　5

D4. 您对普通话的印象怎样？请从以下几个方面打分，1分为章供分，5分为最高分

    D4-1. 好听　　1　2　3　4　5

    D4-2. 亲切　　1　2　3　4　5

    D4-3. 觉得高雅　1　2　3　4　5

    D4-4. 说起来方便　1　2　3　4　5

    D4-5. 社会影响大　1　2　3　4　5

    D4-6. 用处大　1　2　3　4　5

D5. 有些朝鲜族不会说朝鲜语，您怎么看(可多选)

    1. 太可惜，应该学会

    2. 可以理解，因为缺乏语言环境

    3. 无所谓，大势所趋

    4. 无法回答

D6. 您想学朝鲜语吗(会朝鲜语者不问此题)

1. 非常想学,自己创造机会学
2. 想学,但需要给我创造机会
3. 学不学都可以,无所谓
4. 不想学
5. 其他(请注明:)

D7. 您想学韩国语吗(会韩国语者不问此题)

1. 非常想学,自己创造机会学
2. 想学,但需要给我创造机会
3. 学不学都可以,无所谓
4. 不想学
5. 其他(请注明:)

D8. 您觉得朝鲜语今后会有什么样的发展前景

1. 有很大的发展
2. 在一定范围内发展(请注明:)
3. 使用者逐渐减少
4. 无法回答

D9. 您觉得韩国语今后会有什么样的发展前景

1. 有很大的发展
2. 在一定范围内发展(请注明:)
3. 使用者逐渐减少
4. 无法回答

D10. 您觉得当地汉语方言今后会有什么样的发展前景

    1. 有很大的发展

    2. 在一定范围内发展(请注明：　　　)

    3. 使用者逐渐减少

    4. 无法回答

D11. 您觉得普通话今后会有什么样的发展前景

    1. 有很大的发展

    2. 在一定范围内发展(请注明：　　　)

    3. 使用者逐渐减少

    4. 无法回答

E. 词语夹杂现象

E1. 您在跟朝鲜族熟人用朝鲜语交谈时，是否会夹杂汉语词

    1. 经常夹杂

    2. 个别的时候夹杂

    3. 从不夹杂

E2. 您在跟朝鲜族熟人用汉语交谈时，是否会夹杂朝鲜语词

    1. 经常夹杂

    2. 个别的时候夹杂

    3. 从不夹杂

E3. 您在跟汉族熟人用汉语交谈时,是否会夹杂朝鲜语词

 1. 经常夹杂

 2. 个别的时候夹杂

 3. 从不夹杂

E4. 您在跟韩国熟人用韩国语交谈时,是否会夹杂朝鲜语词

 1. 经常夹杂

 2. 个别的时候夹杂

 3. 从不夹杂

 4. 无此情况

E5. 您在跟韩国熟人用朝鲜语交谈时,是否会夹杂韩国语词

 1. 经常夹杂

 2. 个别的时候夹杂

 3. 从不夹杂

 4. 无此情况

E6. 您在跟朝鲜族熟人用朝鲜语交谈时,是否会夹杂韩国语词

 1. 经常夹杂

 2. 个别的时候夹杂

 3. 从不夹杂

E7. 您夹杂词语时的心态(可多选,上题选3者不问此题)

 1. 有意识的夹杂

 2. 无意识的夹杂

3. 无法回答

E8. 您夹杂词语的目的是什么(可多选)

1. 为了表达方便
2. 为了特殊表达的需要
3. 不夹杂无法表达清楚
4. 没有明显的目的
5. 无法回答

E9. 您对夹杂词语现象的看法(可多选,全部被调查者回答)

1. 属于语言使用中的正常现象
2. 属于语言使用中的无意识现象
3. 属于语言使用中的有意识现象
4. 听起来别扭,应该尽量避免夹杂现象
5. 经常夹杂词语会影响语言的纯洁性
6. 无法回答

F. 语码转换现象(句子或段落转换)

F1. 您在跟朝鲜族熟人用朝鲜语交谈时,是否会出现汉语的语码转换

1. 经常转换
2. 个别的时候转换
3. 从不转换

F2. 您在跟朝鲜族熟人用汉语交谈时，是否会出现朝鲜语的语码转换

1. 经常转换
2. 个别的时候转换
3. 从不转换

F3. 您在跟汉族熟人用汉语交谈时，是否会出现朝鲜语的语码转换

1. 经常转换
2. 个别的时候转换
3. 从不转换

F4. 您在跟朝鲜族熟人用朝鲜语交谈时，是否会出现韩国语的语码转换

1. 经常转换
2. 个别的时候转换
3. 从不转换

F5. 您在跟韩国熟人用韩国语交谈时，是否会出现朝鲜语的语码转换

1. 经常转换
2. 个别的时候转换
3. 从不转换

F6. 您在跟韩国熟人用朝鲜语交谈时，是否会出现韩国语的语码转换

1. 经常转换
2. 个别的时候转换
3. 从不转换

F7. 您在语码转换时的心态

  1. 有意识的转换
  2. 无意识的转换
  3. 无法回答

F8. 您转换语码的目的是什么

  1. 为了表达方便
  2. 为了特殊表达的需要
  3. 不转换无法表达清楚
  4. 没有明显的目的
  5. 无法回答

F9. 您对语码转换现象的看法(可多选)

  1. 属于语言使用中的正常现象
  2. 属于语言使用中的无意识现象
  3. 属于语言使用中的有意识现象
  4. 听起来别扭，应该尽量避免转换现象
  5. 经常转换会影响语言的纯洁性
  6. 无法回答

설문지 2

在京朝鲜族语言使用及语码转换调查问卷(2020)

A. 基本情况

A1. 性别

    1. 女   2. 男

A2. 家庭成员民族成分

    家庭成员中有无其他民族

    1. 无   2. 有

    如有（爸爸 妈妈 配偶）

A3. 您的年龄(周岁)

    1. 18岁以下   2. 18-24   3. 25-35岁   4. 36-45岁

    5. 46-55岁   6. 56-65岁   7. 66岁以上

A4. 您的出生地

    1. 黑龙江省   2. 吉林省   3. 辽宁省

    4. 内蒙古   5. 北京市   6. 其他地区

A5. 您的职业

   1. 在读学生

   2. 国家公务员

   3. 国家企事业单位工作人员

   4. 个体经营者

   5. 企业工作人员

   6. 自由职业

   7. 其他

A6. 您的受教育程度

   1. 本科及以上

   2. 大专

   3. 高中(含中专和职业学校)

   4. 初中

   5. 小学

A7. 您对朝鲜族与国内其他民族成员通婚有什么看法

   1. 应当提倡

   2. 应当尊重

   3. 可以接受

   4. 无所谓

   5. 不能接受

   6. 无法回答

A8. 您对朝鲜族与国内其他民族成员通婚有什么看法

   1. 应当提倡

2. 应当尊重

3. 可以接受

4. 无所谓

5. 不能接受

6. 无法回答

B. 语言习得情况

B1. 您小时侯(上学前)最先学会哪种话(可多选)

1. 朝鲜语

2. 普通话

3. 韩国语

4. 其他(请注明：　　　)

B2. 小时侯, 您父母(或抚养人)跟您交谈时最常说哪种话(可多选)

1. 朝鲜诰

2. 普通话

3. 韩国语

4. 其他(请注明：　　　)

B3. 您现在跟家庭成员主要用哪些话语交谈(可多选)

1. 朝鲜语

2. 韩国语

3. 普通话

4. 其他(请注明：　　　)

如选择B3选项中的第1选项,请继续回答下面的B4、B5、B6问题。

B4. 您的朝鲜语主要是什么阶段学会的(可多选)

    1. 入学前   2. 小学   3. 中学   4. 大学   5. 工作后

B5. 您的朝鲜语程度怎样(以下两个方面分别选择)

  (1) 听

    1. 完全能听懂

    2. 基本能听懂

    3. 能听懂日常用语

    4. 能听懂简单的日常用语

    5. 听不懂

  (2) 说

    1. 能熟练交谈

    2. 基本能交谈

    3. 会说日常用语

    4. 只会说简单的日常用语

    5. 不会说

B6. 您是怎样学会朝鲜语的(多选)

  1. 从小在家里自然学会的

  2. 上学前跟邻居学会的

  3. 在学校学会的

  4. 在社会上学会的

  5. 在朝鲜语辅导班学会的

  6. 其他途径学会的(请注明)

如选择了B3选项中的第2选项,请继续回答下面的B7、B8、B9、B10问题。

B7. 您觉得朝鲜语和韩国语有区别吗?

1. 完全一样,没有差别
2. 有一定差别,但不影响交流
3. 有比较大的差别,初次跟韩国人交谈觉得有困难
4. 差别很大,就像两种不同的语言
5. 无法回答

B8. 您觉得朝鲜语和韩国语的主要区别是什么?(可多选)

1. 词汇不同
2. 表达方式不同
3. 语调不同
4. 其他
5. 无法回答

B9. 您的韩国语程度怎样(以下两个方面分别选择)

(1)听

1. 完全能听懂
2. 基本能听懂
3. 能听懂日常用语
4. 能听懂简单的日常用语
5. 听不懂

(2)说

1. 能熟练交谈

2. 基本能交谈

3. 会说日常用语

4. 只会说简单的日常用语

5. 不会说

B10. 您是怎样学会韩国语的(多选)

1. 从小在家里自然学会的

2. 在国内与韩国人接触学会的

3. 出国学会的

4. 经常看韩剧学会的

5. 在学校学会的

6. 在韩国语辅导班学会的

7. 其他途径学会的

C. 语言使用

C1. 在家里,您与家人用什么语言交流(可多选)

1. 朝鲜语

2. 韩国语

3. 普通话

4. 其他(请注明：   )

C2. 在工作场合,您与朝鲜族同事用什么语言交流(可多选)

1. 朝鲜语

2. 韩国语

3. 普通话
4. 其他(请注明：   )
5. 无此情况

C3. 在工作场合，有不同民族同事在场时，您与朝鲜族同事用什么语言交流(可多选)

1. 朝鲜语
2. 韩国语
3. 普通话
4. 其他(请注明：   )
5. 无此情况

C4. 在本民族聚会的场合，您与朝鲜族朋友用什么语言交流(可多选)

1. 朝鲜语
2. 韩国语
3. 普通话
4. 其他(请注明：   )
5. 无此情况

C5. 在不同民族聚会的场合，您与朝鲜族朋友用什么语言交流(可多选)

1. 朝鲜语
2. 韩国语
3. 普通话
4. 其他(请注明：   )
5. 无此情况

C6. 无论什么场合, 您与初次见面的朝鲜族用什么语言交流(可多选)

1. 朝鲜语
2. 韩国语
3. 普通话
4. 其他(请注明：   )
5. 无此情况

C7. 无论什么场合, 您与初次见面的韩国人用什么语言交流(可多选)

1. 朝鲜语
2. 韩国语
3. 普通话
4. 其他(请注明：   )
5. 无此情况

C8. 您与韩国人交流时, 你会尽量使用韩国语吗？

1. 会
2. 不会

C9. 您尽量使用韩国语的目的(可多选, 上题选2者不问此题)

1. 为了便于交流
2. 为了拉近距离
3. 为了表示友好
4. 为了尊重对方的语言习惯
5. 为了提高自己的地位
6. 其他(请注明：   )

D. 语言态度

D1. 您对朝鲜语的印象怎样？请从以下几个方面打分，1分为最低分，5分为最高分

    D1-1. 好听　1 2 3 4 5

    D1-2. 亲切　1 2 3 4 5

    D1-3. 觉得高雅　1 2 3 4 5

    D1-4. 说起来方便　1 2 3 4 5

    D1-5. 社会地位高　1 2 3 4 5

    D1-6. 用处大　1 2 3 4 5

D2. 您对韩国语的印象怎样？请从以下几个方面打分，1分为最低分，5分为最高分

    D2-1. 好听　1 2 3 4 5

    D2-2. 亲切　1 2 3 4 5

    D2-3. 觉得高雅　1 2 3 4 5

    D2-4. 说起来方便　1 2 3 4 5

    D2-5. 社会地位高　1 2 3 4 5

    D2-6. 用处大　1 2 3 4 5

D3. 您对普通话的印象怎样？请从以下几个方面打分，1分为章供分，5分为最高分

    D4-1. 好听　1 2 3 4 5

    D4-2. 亲切　1 2 3 4 5

    D4-3. 觉得高雅　1 2 3 4 5

    D4-4. 说起来方便　1 2 3 4 5

D4-5. 社会影响大　1　2　3　4　5

D4-6. 用处大　1　2　3　4　5

D4. **有些朝鲜族不会说朝鲜语，您怎么看(可多选)**

1. 太可惜，应该学会

2. 可以理解，因为缺乏语言环境

3. 无所谓，大势所趋

4. 无法回答

D5. **您想学朝鲜语吗(会朝鲜语者不问此题)**

1. 非常想学，自己创造机会学

2. 想学，但需要给我创造机会

3. 学不学都可以，无所谓

4. 不想学

5. 其他(请注明：　　)

D7. **您想学韩国语吗(会韩国语者不问此题)**

1. 非常想学，自己创造机会学

2. 想学，但需要给我创造机会

3. 学不学都可以，无所谓

4. 不想学

5. 其他(请注明：　　)

D8. **您觉得朝鲜语今后会有什么样的发展前景**

1. 有很大的发展

2. 在一定范围内发展

3. 使用者逐渐减少

4. 无法回答

D9. 您觉得韩国语今后会有什么样的发展前景

1. 有很大的发展

2. 在一定范围内发展

3. 使用者逐渐减少

4. 无法回答

E. 词语夹杂现象

E. 您在跟朝鲜族熟人用朝鲜语交谈时，是否会夹杂汉语词

1. 经常夹杂

2. 个别的时候夹杂

3. 从不夹杂

E2. 您在跟朝鲜族熟人用汉语交谈时，是否会夹杂朝鲜语词

1. 经常夹杂

2. 个别的时候夹杂

3. 从不夹杂

E3. 您在跟韩国熟人交谈时，是否会夹杂朝鲜语词

1. 经常夹杂

2. 个别的时候夹杂

3. 从不夹杂

4. 无此情况

E4. 您在跟韩国熟人交谈时, 是否会夹杂汉语词

   1. 经常夹杂

   2. 个别的时候夹杂

   3. 从不夹杂

   4. 无此情况

E5. 您在跟朝鲜族熟人用朝鲜语交谈时, 是否会夹杂韩国语词

   1. 经常夹杂

   2. 个别的时候夹杂

   3. 从不夹杂

E6. 您夹杂词语时的心态(可多选, 上题选3者不问此题)

   1. 有意识的夹杂

   2. 无意识的夹杂

   3. 无法回答

E8. 您夹杂词语的目的是什么(可多选)

   1. 为了表达方便

   2. 为了特殊表达的需要

   3. 不夹杂无法表达清楚

   4. 没有明显的目的

   5. 无法回答

E9. 您对夹杂词语现象的看法(可多选，全部被调查者都需回答)

1. 属于语言使用中的正常现象
2. 属于语言使用中的无意识现象
3. 属于语言使用中的有意识现象
4. 听起来别扭，应该尽量避免夹杂现象
5. 经常夹杂词语会影响语言的纯洁性
6. 无法回答

논문

蔡美花, 延边朝鲜族中小学教育现状调查研究[J], 东疆学刊, 2004.

曹福春, 中国朝鲜族语言教育问题及其对策-以延边地区为例[J], 民族教育研究, 2010.

陈美玲(新加坡), 新加坡华语中的语码夹杂现象[J], 语文建设, 1998.

崔吉元, 延吉市朝鲜族双语使用情况初探[J], 语言·社会·文化, 语文出版社, 1991.

崔允甲, "汉语和朝鲜语语音体系对比"[J], 1980.

丁崇明, 语码转换论析[J], 语言文字应用, 1993.

杜辉, 语码转换与社会规则[J], 外语研究, 2004.

高军、戴炜华, 语码转换和社会语言学因素[J], 外国语, 2000.

国务院人口普查办公室, 国家统计局人口和社会科技统计司编, 中国2000年人口普查资料(上).

何淑恒等, 朝鲜族聚居地双语教育现状分析—以延边朝鲜族自治州为例, 教育理论研究[J], 2013.

何自然, 双语交际[J], 现代外语, 1989.

黄国文、王瑾, 语篇基调与报章语码转换[J], 外语教学与研究, 2004.

将金运, 语码转换研究述评[J], 南华大学学报, 2002.

姜星海、卢红娟, 改革开放以来东北地区朝鲜族双语教育发展—经验与挑战, 决策参考[J], 2013.

蒋金运, 关联理论与语码转换研究[J], 广西社会科学, 2003.

蒋金运, 汉英混合语码现象的探析[J], 广州师院学报, 2000.

金晓丹、俞爱宗, 朝鲜族留守儿童隔代家庭教育问题探讨—以吉林省延吉市为例[J], 现代教育科学, 2015.

金永寿, 中国朝鲜语规范化方向与规范原则的思考[J], 东疆学刊, 2010.

金永寿, 中国朝鲜语规范化工作的回顾与修订原则思考[J], 延边大学学报(社会科学版), 2017.

金钟太, 朝汉语码转换句的成句条件限制[J], 汉语学习, 2000.

金钟太, 朝汉语码转换句的附着语素和形态变化限制[J], 延边大学学报, 1999.

李得春, 朝鲜语教育面临的问题及解决途径[J], 民族语文, 1988.

李光, 延边朝鲜族教育问题研究[D], 中央民族大学硕士论文, 2013.

李经纬、陈立平, 多维视角中的语码转换研究[J], 外语教学与研究, 2004.

李梅花, 跨界·认同·发展：朝鲜族跨国人口流动的三个面向[J], 北方民族大学学报, 2018.

林亨栽, 朝鲜族双语使用中的语码转换[J], 解放军外国语学院学报, 2002.

林亨载, 中国朝鲜族双语使用情况及其语言社会的研究[D], 朝鲜语言文学博士学位论文, 2001.

刘正光, 语码转换的语用学研究[J], 外语教学, 2000.

吕黛蓉、黄国文、王瑾, 从功能角度看语码转换[J], 外语与外语教学, 2003.

孟凡东、平维彬等, 东北朝鲜族留守儿童的教育问题是如何解决的[J], 中国民族报, 2015.

朴美兰, 朝鲜族人口变迁对民族传统文化发展的影响—以延边朝鲜族自治州为例[J], 延边大学学报(社会科学版), 2012.

朴泰洙, 朝鲜族教育发展的历史特点与基本经验[J], 延边大学学报(社会科学版), 2003.

朴雄英,关于延边州加快发展朝鲜族教育的思考[J],延边党校学报, 2016.

全炳善,中国朝鲜语的特性[J],黑龙江民族丛刊, 1999.

全美英,中国朝鲜族与在日朝鲜人民族教育比较研究[D],中央民族大学博士论文, 2012.

司坷腾、龙利,双语策略：语码转换的社会功能[A],社会语言学论文集,北京人学出版社, 1985.

宋健,中国朝鲜族教育的历史传承与发展述略[J],吉林省教育学院学报, 2013.

孙维张,语言体系的开放性与封闭性[J],汉语学习, 1984.

潭冬玲,语码转换的心理语言学分析[J],外语学刊, 2000.

万明钢,双语态度极其研究策略[J],双语教育, 1996.

王得杏,语码转换述评[J],北京语言学院, 2004.

王瑾、黄国文、吕黛蓉,从会话分析的角度研究语码转换[J],外语教学, 2004.

王锡宏,中日两国朝鲜族(人)教育比较初探[J],民族教育研究, 1994.

许朝阳,语码转换的社会功能与心理[J],四川外语学院学报, 1999.

宣德五,我国朝鲜族双语使用情况浅析[J],民族语文, 1989.

阳志清,论书面语语码转换[J],现代外语, 1992.

阳志清,语码转换述评[J],湖南大学学报, 1990.

尹熙男,中小学对朝鲜语规范的认知度及使用现状的调查研究[J],延边大学学报(社会科学版), 2016.

尹允镇,朝鲜族教育的历史、现状及其对策[J],民族教育研究, 2011.

于国栋,语码转换的语用学研究[J],外国语, 2000.

余惠邦,双语双言交际中的语言选择和语码转换[J],西南民族学院学报, 1991.

张榕,言语交际中的语码转换略探[J],江西教育学院学报, 1994.

张兴权,从语言接触看朝鲜族的语言使用和朝鲜语的共时变异[J],民族文, 1994.

赵一农, 理性的有标记语码转换[J], 当代语言学, 2003.

中国国家统计局官方网站, 第六次全国人口普查汇总数据.

祝畹瑾, 家庭谈话语码转换剖析[J], 语言文字应用, 1997.

祝畹瑾, 语码转换与标记模式—《语码转换的社会动机》评介[J], 国外语言学, 1994.

저서

陈松岑, 语言变异研究[M], 广州：广东教育出版社, 1999.

崔奉春主编, 朝鲜语和汉语关系调查[M], 延边大学出版社, 1999

崔吉元, 延吉市朝鲜族双语使用情况初探[M], 语言·社会·文化, 语文出版社, 1991.

戴庆厦, 汉语与少数民族语言关系概论[M], 中央民族学院出版社, 1992.

戴庆厦, 社会语言学概论, 商务出版社, 2004.

동조이, 재미있는 사회언어학, 보고사, 2001.

허웅·권재일, 언어학개론, 지만지고저천줄, 2008.

胡壮麟, 系统功能语法概论[M], 湖南：湖南教育出版社, 1989.

金炳镐, 中国朝鲜族人口问题研究[M], 民族出版社, 2007.

金钟太, 朝汉双语语码转换研究[M]延吉：延边大学出版社, 2000.

김태엽, 국어학개론, 역락, 2007.

王远新, 语言理论与语言学方法轮[M], 教育科学出版, 2006.

刑福义, 社会语言学[M], 湖北教育出版社, 2000.

延边人民出版社, 朝鲜族简史[M], 1986.

于国栋, 英汉语码转换的语用学研究[M], 太原：山西人民出版社, 2001.

余惠邦, 双语研究[M], 成都：四川大学出版社, 1995.

郑判龙, 世界朝鲜民族综览[M], 辽宁民族出版社, 1999

朱崇先、王远新，双语教学与研究[M]，(第二辑)中央民族大学出版社，1998.

祝碗瑾，社会语言字译文集[M]，北京：北京大学出版社，1985.

祝畹瑾，社会语言学概论[M]，长沙：湖南教育出版社，1992.

| 지은이 소개 |

신천申泉

중앙민족대학교 조선언어문학학부 (학사)
중앙민족대학교 한·중 언어 대조 및 통번역학 전공 (석사)
중앙민족대학교 사회언어학 (박사)
현) 대외경제무역대학교 외국어대학 한국어학과 교수

주요 논저
『瀛洲語文』,『國際高麗學』등 국내·외 학술지 논문 10여 편
저서:『延世商務韓國語』(편저),『朝鮮/韓國語口譯教材(3級)』,
『韓國槪況』,『實用韓漢外貿對話』등

중국 조선족 삼중언어
화자와 코드 스위칭

초판 인쇄 2021년 11월 1일
초판 발행 2021년 11월 15일

지 은 이 | 신천申泉
펴 낸 이 | 하운근
펴 낸 곳 | 學古房

주　　소 | 경기도 고양시 덕양구 통일로 140 삼송테크노밸리 A동 B224
전　　화 | (02)353-9908 편집부(02)356-9903
팩　　스 | (02)6959-8234
홈페이지 | www.hakgobang.co.kr
전자우편 | hakgobang@naver.com, hakgobang@chol.com
등록번호 | 제311-1994-000001호

ISBN 979-11-6586-427-9 93700

값: 15,000원